고양이는 썰매를 끌지 않는다

현 대 수 필 가 1 0 0 인 선 · 32

고양이는 썰매를 끌지 않는다

양미경 수필선

좋은수필사

■책머리에

수필은 누구나 부담 없이 읽고, 마음만 먹으면 직접 쓸 수도 있는 가장 친근한 문학이다. 다른 영역의 문학이 영상매체에 밀려 신음하고 있는 중에도 수필 인구만은 날로 증가하여 바야흐로 수필 전성시대를 구가하고 있는 이유도 거기에 있을 것이다.

시대적 추세에 힘입어 수많은 수필전문지, 수필동인지가 창간되고, 이에 비례하여 신진 수필가도 날로 늘어나다 보니 이제는 그 많은 작가, 그 많은 작품 중에서 문학성 높은 작품을 가려 읽는 일이 쉽지 않게 되었다. 이런 현상은 작가에게나 독자에게나 결코 바람직한 일이 아니다. 더 나아가서는 수필을 연구하는 후세들에게도 큰 부담이 될 것이다.

이런 문제를 해결하는 데는 출판인도 마땅히 한몫을 감당해야 한다는 평소의 소신에 따라, 본사가 기꺼이 그 역할을 맡기로 했다. 그 첫 번째 사업으로 시대를 대표할 만한 수필가 100인을 선정하고, 작가가 자선한 40편 내외의 작품을 수록한 문고본을 발간하여 이를 널리 보급함으로써 그 소임을 다하고자 한다.

본사는 사명감을 가지고 이 사업을 추진해 나가기로 했다. 작가 선정을 전담할 편집위원회를 구성하고 전권을 위임하여 일체의 사적인 정실이나 청탁을 배제함으로써 전문성과 공정성을 확보해 나갈 것이다.

따라서 이 기획물 속에는 작가의 문학정신뿐만 아니라, 본사의 문학사적 기여 의지와 편집위원 제위의 수필문학에 대한 애정과 문인으로서의 양심이 함께 담겨 있음을 자부한다. 다만, 작가를 선정하는 기준에는 많은 견해의 차이가 있을 수 있고, 선정 과정에서도 미처 챙기지 못한 부분이 있을 것이라는 사실만은 인정하지 않을 수 없다. 이 점에 대해서는 관계자 여러분의 양해 있으시기 바란다.

이 시리즈의 발간 순서는 작가, 또는 본사의 사정에 의한 것일 뿐 그 밖의 어떤 기준도 적용하지 않았음을 밝힌다.

본 기획물이 시대를 초월한 많은 수필 애호가들의 관심과 애정 속에 우리나라 수필문학 발전에 한 이정표가 되기를 바랄 뿐이다.

2008년 7월

좋은수필 발행인 서 정 환

현대수필가 100인선 간행 편집위원 박 재 식 최 병 호

정 진 권 강 호 형

변 해 명

1_부

2_부

3_부

4_부

그곳에 가면 나그네가 된다

내 마음의 우담바라

도시의 갈매기

바람이 머문 자리

보길도에서

살며, 지워가며

안개 속에서

킬링필드

해금강 천년송

그 섬에 가면

그곳에 가면 나그네가 된다

지난해 늦가을 지천으로 피어 있다는 갈대와, 소련의 아무르 강과 바이칼 호수에서 날아온다는 흑두루미를 보기 위해 순천만에 갔다. 그곳은 상상했던 것 이상으로 광활했으며 언젠가 영화에서 보았던 아마존 강을 연상시켰다.

대대포구에서 '순천만 2호'를 탔다. 우리를 태운 유람선은 천천히 조심스럽게 상류와 하류를 오고갔다. 사람의 키보다 웃자란 갈대들. 이곳의 갯벌은 전국에서 가장 큰 규모라고 한다. 약 팔백만 평의 갯벌 위에 무려 50만 평에 달하는 갈대 군락지가 펼쳐져 있다.

갈대는 보는 각도에 따라 은빛, 갯빛, 금빛으로 채색되었고, 가녀린 바람에도 흐느적거리는 모습은 망망한 바다의 일렁이는 물결처럼 아름다웠다. 이곳은 희귀 조류가 많은 곳으로 관찰과 탐조를 위한 학습장과 국제적 학술 연구의 장으로 각광을 받는 곳이다. 갯벌과 갈대숲은 새들에게 온갖 먹이와 아늑한 은신처를 제공한다. 그래서인지 천연기념물인 흑두루미와 검은머리갈매기 등 한국조류 수백여 종이 동절기를 보내며 서식한다고 한다. 철새들의 군무를 카메라에 담는 사진작가도 보였다.

유람선을 두 번이나 탔다. 밀물 때는 갈대를 보기 위해서였고 썰물 때는 갯벌을 보기 위해서였다. 갈대 군락지 앞에 서너 번 배를 세워 해오리들의 군무도 보았고, 가족애가 두터운 흑두루미들의 정겨운 모습도 보았다. 날갯짓하며 비상하는 노랑부리백로와 저어새도 보았다.

자욱하게 깔린 갈대밭에 서산으로 넘어가던 햇살이 비쳤다. 그 빛의 반사에 의해 갈대숲은 작은 섬들 같아 보였다. 순식간에 고립감이 들었다. 세상과 완전하게 단절되는 느낌. 그러나 그것은 두려움이 아니라 이방인이 된 듯한 야릇한 고독감 같은 것이었다.

바람에 서걱이는 갈대들의 합창, 나른하게 들려오는 파도소리, 갑자기 날아오르는 한 무리의 철새들. 아득한 수평선을 배경으로 점점이 떠 있는 섬과 등 뒤로 저녁연기를 피워 올리는 작은 마을들. 시詩 한 수가 떠올랐다.

나 그 네

박목월

강나루 건너서 밀밭 길을
구름에 달 가듯이 가는 나그네
길은 외줄기 남도 삼백 리
술 익는 마을마다 타는 저녁놀
구름에 달 가듯이 가는 나그네

갈대 군락 사이로 미로처럼 전개되는 수로들, 우리 인생도 이처럼 미로를 헤쳐 나가는 일의 연속이 아니던가. 멈출 수도 없고 궁극적으로는 소유할 수 있는 게 아무것도 없다. 빈손으로 와서 삶의 굴곡진 길을 헤매다 결국은 빈손으로 가는 게 인생이다. 그럼에도 우리는 보이지 않는 미래를 설계하고 손에 닿는 것마다 소유하며 닫혀진 공간 속에 머물기를 희망한다. 사소한 욕망 때문에 이웃과 시기하고 작은 이기심 때문에 가족과도 다투기를 마다하지 않는 것이다.

순천만 갈대밭을 지나며 그런 일상사들이 실은 얼마나 사소한 것인지를 깨달았다. 삶이란 나그네처럼 잠깐 스쳐 지나는 것이라는 깨달음 앞에서 욕심과 이기심이라는 것은 또 얼마나 하찮은 것인가를.

배의 진동에 놀랐을까. 흰뺨검둥오리 떼들이 살포시 날아올랐다가 다시 내려앉았다. 놀이 지면서 갈대들이 붉게 물들었다. 멀리 마을 어귀 쪽으로 일을 마친 사람들이 집으로 돌아가고 유람선은 속도를 줄이며 포구로 들어섰다. 그때 나는 새로운 사실 하나를 더 깨달았다. 나의 집, 인간의 집이란 자연 속에 있다는 것을. 그 간단한 진리를 깨우치지 못할 때 물질적인 집과 소유욕에 잡혀 자신을 학대하게 된다는 것을.

내 마음의 우담바라

6~7년 전, 대전 근교의 한 사찰에 우담바라가 피었다는 소식을 듣고 호기심으로 백마강을 경유하여 그 사찰에 갔었다. 그곳에 당도하니 이미 전국에서 모인 사람들이 인산인해를 이루고 있었다. 드디어 내 차례가 되어 준비해간 돋보기로 한참을 찾아 부처상에 핀 우담바라 두 송이를 발견했다. 가녀린 줄기 끝에 아주 작은 쌀알 같은 봉오리가 매달려 있는 게 아닌가. 나는 전설의 꽃, 우담바라를 보았다는 사실만으로도 가슴이 뛰었다. 정말이지 좋은 일이 생길 것 같은 예감이 들었다.

그런데 지난겨울에는 여러 곳에서 우담바라의 개화 소식이 전해져 왔다. 현대 자동차 울산공장에서 우담바라가 발견되었다는 뉴스를 선두로 고려대 건물에 11송이, 또 소방서 캐비닛 위에 22송이. 그뿐만 아니었다. 경북의 한 산골 암자에서도

7송이가 발견됐는가 하면 구청과 국정원 등 우담바라 소식이 전국에 만발했다.

우리나라 전역에 우담바라가 동시다발적으로 개화했다는 것은 사람들에게 희망의 메시지를 주기에 충분했다. 그래서인가. 어떤 사람들은 정권이 바뀔 때가 되니 우담바라가 피었다고도 하고, 사업을 하는 사람은 사업의 길운을 점치며 즐거워했다.

영서靈瑞의 기운을 뜻한다 하여 영서화라고도 불리는 우담바라는 3천 년 만에 한 번 꽃이 핀다고 한다. 불경에 의하면 여래如來가 세상에 태어날 때 꽃이 피며, 전륜성왕轉輪聖王이 나타날 때면 그 복덕에 감득해서 꽃이 핀다고 한다. 전륜성왕은 고대 인도에서 유래한 세계의 통치자를 지칭하는 개념으로써 전지전능한 통치자를 뜻하며, 그에 관한 최초의 기록은 B.C. 3세기 마우리아 왕조 시대의 경전과 기념비에 나타나 있다고 한다.

그런 의미를 가진 신비의 꽃이 이렇듯 많이 피었다니 개인에게도 나라에도 좋은 일이 생길 것 같다. 어쩌면 우담바라가 많이 피었다는 것은 전륜성왕처럼 지혜로운 지도자가 나타날 징조는 아닐까? 나는 그 마음을 실어 인터넷에 올려진 우담바라를 유심히 들여다보곤 한다.

사실 우담바라는 전설의 꽃이자 상상의 꽃이라고 한다. 서울 조계사의 한 관계자는 우담바라가 실제로 존재하느냐는 어떤 기자의 질문에 "우담바라는 눈으로는 볼 수 없다. 단순히 상상적인 의미만 갖고 있으며 일반인들이 보는 것은 풀잠자리 알"이라고 말했다. 곤충학자들 역시 우담바라는 풀잠자리 알이라고 한다. 최근에 우담바라가 많이 발견되는 것은 이상 기후와 환경파괴 때문에 알 낳는 시기와 장소를 잊어버렸기 때문이란다. 또한 한국불교대사전에서도 '풀에 잠자리의 알이 붙은 것'이 우담바라라고 정의하고 있다고 하니, 풀잠자리알을 만난 것은 곧 우담바라를 만난 것이라 해도 과히 틀린 말은 아니지 싶다.

≪묘법연화경≫을 보면 이런 말이 나온다.

"우담바라 꽃은 금과 같이 청정하고 미묘한 빛을 띠고 있으며, 그 꽃의 밝은 빛은 능히 어둠을 부수어 마음으로 생각하는 이로 하여금 청정함을 얻도록 하며 꽃이 피어나게 되면 특이한 향 내음이 일유순안에 가득하다."

어느새 봄이다. 계절을 맞아 꽃들이 다투듯이 봉오리를 내미는 계절이다. 그러나 우담바라는 아무때나 피는 꽃이 아니다. 내 마음에 따뜻한 봄의 정원을, 진정 평화로운 햇살의 정원을 가꾸었을 때 피는 신성한 꽃이다. 언제든 내 마음 속에 우담바라를 피울 수 있는 정원을 가꿀 수만 있다면 얼마나 좋을까. 그렇게 한다면 나의 언행이 청정하며, 나의 영혼에 향

내음이 나지 않겠는가. 설사 그것의 정체가 풀 잠자리 알이라 하더라도 내 마음에 핀 우담바라라고 굳게 믿으면 될 터이니까.

도시의 갈매기

처음에는 비둘기라고 생각했다. 오랜만에 찾은 부산의 해운대 그 모래사장에는 아이들이 과자부스러기를 던져 주면 수십 마리의 새들이 떼로 몰려 과자쟁탈전을 벌이고 있었다. 그 모습을 한동안 바라보면서도 여전히 비둘기인 줄만 알았다. 그 때 누군가가 소리쳤다.

"저거 갈매기네!"

"갈매기라고?"

다시 자세히 보니 먹이 쟁탈전을 벌이고 있는 녀석들은 갈매기와 비둘기가 반반씩 섞여 있었다. 힘에 있어서는 갈매기가 단연 우세였다. 비둘기가 먹이를 물라치면 갈매기들이 사정없이 달려들어 목이며 꼬리를 사납게 쪼아댔다. 어떤 비둘기는 목덜미 털이 몽땅 다 뽑힌 녀석도 있었다.

십여 년 만에 찾은 해운대. 넓은 바다와 모래사장을 끼고 천혜의 관광자원을 갖춘 이곳은 여름이면 파라솔이 즐비하고 사계절 연인들과 가족들의 나들이 장소로 인기 있는 곳이다. 그러나 오랜만에 와본 해운대의 경관은 거대한 도시의 그림자 뒤로 밀려나 있었다. 주변 산들은 즐비한 고층빌딩에 가려지고 도로는 하루 종일 차들이 정체하는 비즈니스 도시로 바뀌어 버린 것이다. 갈매기들마저 그들의 생존 터전이었던 바다와 섬을 떠나 이곳에서 아이들이 던져주는 과자부스러기를 차지하기 위해 무차별 폭력을 서슴지 않고 있으니….

예전에는 비둘기들의 터전이었을 것이다. 비둘기에게 먹이를 던져 주던 사람들도 나처럼 무조건 연민의 눈으로 바라보는 것은 아니다. 가끔은 못마땅하게 여기기도 한다. 비둘기와 인간의 그런 애증관계는 이미 습관화되어 있다. 그러나 갈매기라면 문제는 달라진다. 갈매기는 인간들에게 도전과 좌절 그리고 극복이라는 의미로 새겨져 있지 않은가.

몇 년 전 '갈매기 섬' 홍도鴻島에 갔었다. 통영에서 약 50km 떨어진 홍도는 섬 주변이 암벽으로 둘러싸여 있었다. 괭이갈매기들은 절벽 틈바구니에 둥지를 틀고 새끼를 키우며 생활한다고 한다. 먹이를 찾기 위해 절벽 끝에서 날개를 펴고 도약하는 모습에는 처연한 아름다움이 있었다. 그날 일행이 절벽근처로 다가가자 갈매기들이 일제히 날아올랐다. 이방인에 대한 경고였을 것이다. 나는 수평선을 비껴 오르는 그들의 날개 짓에서 '조나단 리빙스턴 시걸'을 떠올렸다.

'리차드 바크'의 소설 ≪갈매기의 꿈≫은 발간된 얼마 후 영화화 되었다. 영화 제목은 〈조나단 리빙스턴 시걸〉.

'조나단'은 비행 그 자체를 사랑하는 갈매기다. 멋진 비행을 꿈꾸는 그는 진정한 자유와 자아실현을 위해 언제나 비상의 꿈만 꾼다. 다른 갈매기들이 먹이 찾기에 열중하는 동안 조나단은 새로운 방식의 비행술을 끊임없이 연마한다. 결국 어떠한 갈매기도 닿지 못한 아득한 공간까지 날아오르게 된다.

'가장 높이 나는 갈매기가 가장 멀리 본다.'

조나단이 우리에게 주는 교훈은 그 한 마디로 압축된다. 그가 오랜 비행을 통해 이루었던 꿈은 바로 우리의 꿈이다. 그는 인간들에게 눈앞에 보이는 일에만 에너지를 소모하지 말고 먼 앞날을 내다보며 자신만의 꿈과 이상을 향해 비상할 것을 촉구하는 것이다.

삶의 참 의미를 깨닫기 위해 비상을 꿈꾸는 한 마리 갈매기, 조나단 리빙스턴 시걸. 그러나 그 후예들의 삶은 비참하기만 하다. 해운대 백사장에서 새우깡 하나에 아귀다툼을 벌이는 갈매기를 그의 후예라고 인정하기는 정말 싫다. 그것이 단순히 갈매기의 모습이어서 그럴까? 아니면 바로 그 모습에서 또 다른 내 모습을 본 것은 아니었을까?

나만의 꿈을 위한 날개를 가다듬던 시절이 있었다. 그러나 주변 환경은 실패의 확률이 높은 이상으로 이끌기보다 하루의 안식에 묶어 놓았다. 그리고 하루의 안식이 주어진 것에 늘 안도했다. 그런 내가 새우깡 하나에 처절해지는 갈매기더러 나무랄 자격이 과연 있을까.

가끔 삶의 모퉁이에서 잃어 버렸던 꿈과 이상들과 마주친다. 잃어버린 것들이기에 더 아픈 기억으로 다가온다. 마치 퇴화된 날개가 떨어져 나간 자리에 아물 수 없는 상처로 남아 있듯이.

나는 모래사장을 뒤로하고 걸음을 옮겼다. 그때 아주 먼 곳에서 '끼룩!' 하는 갈매기 울음소리가 들렸다. 고개를 젖혀 보니 아득히 높은 하늘에 갈매기 한 마리가 보였다.

아아, 그는 어디로 가는가.

아득한 수평선을 향해 날개를 펼친 저 갈매기는 과연 어디를 향해 가는 것일까. 나는 그 갈매기가 사라질 때까지 한참을 바라보고 있었다. 문득 영화의 한 장면이 떠올랐다. 현실 세계를 떠나 까마득한 초월의 공간으로 솟아오르던 조나단의 모습이.

내 꿈을 위한 날개는 오래 전에 접었지만, 어쩌면 그것을 그리워하는 것만으로도 내 꿈의 어딘가를 날고 있는지도 모른다는 생각이 스쳤다.

어느덧 수평선엔 노을이 지고 홀로 비상하던 갈매기는 아득히 사라졌다. 이제, 나 또한 일상으로 돌아가야 한다.

바람이 머문 자리

둔터마을의 4백 년 된 버드나무-.

이 말이 언젠가부터 내 가슴 한켠에 자리 잡고부터는 자그마한 자투리 시간에도 내 등을 떠밀곤 했다.

그동안 우포늪을 몇 번 다녀오긴 했었다. 그러나 문학 단체에서 주관하는 행사이다 보니 대부분의 관심은 늪에 사는 생명체에 맞춰져 있었다. 그러다가 우연한 기회에 둔터마을의 이야기를 듣고부터 중요한 사실을 잊고 있었다는 생각이 들었다. 바로 늪의 주변에 살고 있는 사람들 삶의 풍경이었다. 아이러니하게도 늪의 생명에만 생각을 집중시키다보니 정작 중요한 사람을 잊고 있었던 것이다. 생각해 보면 늪 주변의 주민들도 늪에 사는 수많은 생명들과 하나의 유기체를 이루며 살고 있지 않은가.

얼마 전, 그 마을이 사라진다는 신문기사를 읽었다. 안타까운 마음에 틈을 내어 우포늪으로 달려갔다. 유어면 세진 주차장. 아직도 초봄이어서인지 인적은 드물었다. 낮은 구릉지대를 넘어 조금 들어가니 저만치 잔잔한 수면이 보이기 시작했다. 표지판을 보니 왼쪽 비포장 길이 둔터마을로 가는 길이 분명했다. 나는 마음이 편해지자 주변 경치와 늪가에 서성이는 철새들, 그리고 이름을 알 수 없는 물풀들을 감상하기 시작했다. 이따금 물새 우는 소리와 나뭇가지를 스치는 바람소리만이 적막을 깨우곤 했다.

이곳의 시간은 흐르지 않는 늪의 물처럼 정지된 느낌이 들었다. 바쁠 것도 없었다. 출근 시간에 쫓겨 허덕이는 물새도, 퇴근 시간을 기다리는 가시연도, 어음을 막기 위해 돈 꾸러 다니는 물방개도 없었다. 왕버들 군락에서 서로 잘났다고 아옹대는 소리도 들리지 않았고 구역 싸움으로 밀려난 잉어나 붕어도 없었다. 정지된 시간조차 거꾸로 흐르는 듯했고, 내 가슴의 심연도 거꾸로 흘러 아득한 원시의 세계로 돌아가는 듯했다. 나는 두 팔을 벌려 맑은 공기를 양껏 들이마셨다.

2km쯤 걸었을까. 왼쪽 경사면으로 자그마한 마을이 나타났다. 마을 앞에는 한눈에도 오래되었음직한 굵은 둥치의 버드나무가 보였다. 그 버드나무 아래 벤치에는 산책 나온 남녀들이 김밥을 먹으며 놀고 있었다. 자연 앞에서는 사람들의 마음도 풍성해지는가 보다. 그들은 생면부지인 내게 음식을 권

했다. 나는 웃음으로 사양하고 천천히 나무를 살폈다. 내가 이렇게 먼 거리를 쫓아온 것은, 사백 년 된 버드나무와 이 나무에 얽힌 이야기 때문이다.

지금이야 생태보존의 중요성이 지지를 받으며 자동차 길이 뚫렸지만, 예전에는 생필품 하나 구하자면 예삿일이 아니게 먼 길이라 했다. 그래서 이웃해 사는 마을에서 누가 밖으로 나가거나 들어오는 사람이 있을라치면 그들에게 필요한 물건을 부탁했었다고 한다. 부탁받은 사람은 이 버드나무 옹이 속에 물건을 넣어두었고, 그러면 찾아갔다는 것이었다. 물건뿐 아니라 맛있는 음식이 생기면 그 음식을 두고 갔고, 소식이 있으면 소식도 두고 갔다고. 그 전설 같은 선행은 지금까지도 이어지고 있다고 한다. 물건만을 두고 가는 것이 아니라 사람과 사람 사이를 이어주는 정까지 두고 가지 않았을까.

정말 옹이구멍은 있었다. 사람 머리 위 손을 뻗은 곳에 작은 꿀 항아리 하나 들어갈 만한 구멍이 있었다. 손을 넣어보니 나무의 온기가 전해져 왔다. 신통하게 눈이나 비가 와도 젖지 않을 구조였다. 내게 이 나무의 유래를 설명하던 송 선생은 이곳을 '바람이 머물다 간 자리'라 했다. 시간이 멈춰서고 사람과 사람의 정이 바람처럼 머물다 간 자리. 나는 그 자리에 한참 동안 서 있었다. 아직은 바람이 쌀쌀했다. 그러나 가슴엔 장작이라도 지핀 듯 온기가 살아나고 있었다.

발걸음이 쉬 떨어지지가 않았다. 늪의 생태보존을 위해 이곳 주민을 이주시킨다고 하니 머잖아 이 버드나무도 잊혀질 것이 아닌가. 하지만 난 그곳을 잊지 못할 것이다. 내 기억 속에라도 오래도록 살아 있게 할 것이다. 돌아오는 길에 약속의 의미로 버드나무의 둥치를 서너 번 두드려주었다. 그러한 나의 다짐을 버드나무야 알 리 없겠지만.

보길도에서

아침 일찍 세상을 탈출이라도 하듯 통영을 출발했다. 보길도까지 그리 먼 길도 아니건만 첫발을 떼기가 왜 그리 힘들었던가. 햇살이 차창 뒤로 비칠 즈음 차는 어느새 호남고속도로를 질주하고 있었다. 이번 여행은 내게 사뭇 다른 느낌으로 다가왔다. 역사의 시간을 거슬러 고산孤山 윤선도尹善道 선생을 만나러 가기 때문이다.

완도항에서 '청해진 카훼리호'에 차를 싣고 그 옛날 선생께서 갔던 뱃길을 따라 부드러운 파도에 몸을 실었다. 바다는 약간의 일렁임만 있을 뿐 잠자듯 잔잔했다.

고산 선생께서는 병자호란 당시에 은둔을 결심하고 제주도로 향하던 중 이곳의 수려한 경치에 매료되어 격자봉 자락 부용동에 거처를 마련하셨다 한다. 갈매기와 벗한 지 1시간여

눈앞에 보길도가 모습을 드러냈다.

청별항 선착장에 내려 제일 먼저 찾아간 곳은 세연정洗然亭이었다. 얼마나 찾고 싶었던가. 고단한 삶의 그림자를 훨훨 벗어던지고 한달음에 오고 싶었던 이곳, 세속을 벗어난 고아한 선비의 체취가 물씬 느껴지는 듯했다. 세연정에 서서 물빛을 보았다. '세상의 때를 씻는다'는 뜻을 가진 세연지는 개울에 보를 막아 논에 물을 대는 원리로 조성되어 있었다. 나는 북쪽에 있는 원판 모양의 동대 위에 서서 춤사위 시늉을 해보았다. 동쪽 산등너머 있는 옥소대에서 관악기를 연주하면 서쪽 토성벽에 부딪혀 그 소리가 세연정까지 몰려왔다고 한다. 그러면 소리에 맞추어 동대와 서대에서 기녀들이 춤을 추고, 못에서는 동자가 연심을 땄다고. 그리고 세연지에 작은 배를 띄우거나 낚싯대를 드리우고 고려 때부터 세전世傳되던 〈어부가〉를 순 우리말로 바꾼 〈어부사시사漁父四時詞〉와 〈오우가五友歌〉를 집필하셨다 한다.

나는 K 교수가 낭랑한 목소리로 읊어주는 〈오우가〉를 들었다.

> 나의 벗이 몇이나 있느냐 헤아려 보니 물과 돌과 소나무, 대나무다.
>
> 게다가 동쪽 산에 달이 밝게 떠오르니 그것은 더욱 반가운 일이로구나.
>
> 그만 두자, 이 다섯 가지면 그만이지 이밖에 더 있은들 무엇 하겠는가.

水·石·松·竹·月은 세속을 초월한 선생의 정신적 벗이었다. 산세의 굴곡을 따라 돌로 쌓은 연못에는 고요히 산 그림자가 내려왔고, 못 가운데 돌단 위에는 소나무, 밤이면 물속에 비친 달이 있었고, 우울한 날이면 세상의 부조리를 향해 시위를 당기던 활터가 있었다. 여기에 진흙 속에서도 희디 흰 꽃을 피운다는 연꽃까지 어우러져 '공안락처孔顏樂處'의 즐거움이 도포자락처럼 너울거렸을 것 같았다.

나는 고산 선생께서 성리학을 공부하며 기거하셨다던 낙서재로 발길을 옮겼다. 당시의 세 칸짜리 집은 흔적도 없고 안내판과 소은병小隱屛이라 불리는 바위만이 쓸쓸하게 우리를 맞이해 주었다. 선생은 몇 차례의 벼슬과 유배를 거듭하다가 말년에는 아예 이곳에서 시를 짓고 여생을 보내시다가 85세로 생을 마감하셨다.

허탈감을 떨쳐버리려 걸음을 재촉하여 산중턱에 위치한 동천석실洞天石室로 향했다. 동천洞千은 산천이 두루 경치 좋은 곳이란 의미도 되고, 신선이 사는 곳 또는 하늘로 통한다는 뜻이라고 한다. 석실에 들렀다가 차바위에 앉아 보았다. 해 저물녘 차 끓이는 연기가 구름과 어우러져 선경처럼 보였다는 그곳은, 풍류와는 거리가 먼 내 발걸음을 옴짝달싹 못하게 하였다. 고산 선생은 이곳에서 세상을 발 아래로 내려다보며 주옥 같은 작품들을 창작하셨을 것이다. 나 또한 세상을 발 아래로 내려다보며 숨을 깊게 들이마셔 보았다. 그 옛날 선생께서

호흡했던 공기가 내 폐부 깊숙이 스며드는 것 같았다. 그곳에서 보니 세상이란 참으로 좁고 보잘것없는 곳이란 생각마저 들었다. 복잡한 세상의 한 부분이 되어 있을 때엔 전혀 깨닫지 못했던, 인간과 자연이 하나가 된 세상이 존재한다는 것을 알게 된 것이다. 세상이 고산을 버렸다지만 어쩌면 고산 스스로가 세상을 버린 것인지도 모른다.

언젠가 이곳을 다녀간 어느 시인은 〈보길도〉라는 시를 남겼는데 그도 우리들이 사는 세상이야말로 영락없는 유배지라고 노래했었다. 이곳에서 보면 권모술수가 난무하는 저쪽 세상이야말로 영락없는 유배지일 터. 신의 눈으로 보면 속세이야말로 인간의 유배지가 아니겠는가. 그렇다면 속세를 버리고 이곳에 든 고산은 스스로 신의 영역에 들려고 한 것은 아닐는지.

비몽사몽간에 하룻밤을 보내고 나는 뭍을 향하여 발길을 옮겨 놓았다. 돌아가야 하는 내 마음은 올 때보다 더 아렸다. 어차피 이곳이든 저곳이든 세상이란 유배의 땅이 아닌가. 나는 내가 속한 땅으로 돌아가야만 했다.

살며, 지워가며

신비의 바닷길이 열린다는 남해의 진섬으로 갔다. 일행들과 함께 그 섬에 도착한 시간은 정각 12시. 한 시간쯤 지나면 길이 생길 것이라는 마을 사람들의 들뜬 안내가 무색하리만치, 섬과 마을 사이에는 명경처럼 맑고 푸른 바다만 끝없이 펼쳐져 있었다. 갈매기들이 물을 박차고 날면 잔잔한 파문이 이는 광경이 모세의 기적은 생각조차 할 수 없었던 것이다.

그런데 30분쯤 지났을까. 정말 믿기 어려운 현상이 일어나기 시작했다. 섬과 섬 사이에서 햇살을 받아 반짝이는 수면이 푸른 빛에서 점차 녹색으로 변하는가 싶더니, 섬 이쪽 끝과 마을 쪽 끝에서 서서히 바닥이 드러나며 길이 이어지는 게 아닌가. 우리는 누가 먼저랄 것도 없이 탄성을 터뜨렸다. 그리고 그 길을 따라 천천히 섬을 향해 걸어 들어갔다. 바닥에는 자연

산 석화가 즐비했다. 너나 없이 쪼그리고 앉아 그것들을 깨 먹으며 깔깔거렸다. 어림잡아 200m쯤. 섬으로 이어지는 길 양쪽으론 푸른 바다가 햇살을 받아 하얗게 부서지고 있고 우리는 그런 바다 한가운데에 발자국을 찍고 있는 것이다.

가서 보니 섬 뒤엔 또 하나의 작은 섬이 연결되어 있었다. 금강산 만물상을 축소해 놓은 듯한 온갖 형상의 바위들. 기암괴석에 한껏 도취했다가 뭍으로 돌아왔다. 잠시 일행과 얘기하다 천천히 돌아보니 이럴 수가! 내 발자국들은 어느새 바닷물에 지워지고 없었다. 무심한 듯 흔들리는 수면 위의 붉은 노을. 순간 날카로운 가시에 찔린 듯 가슴에 통증이 느껴졌다. 조금 전까지 깔깔거리며 즐거워했던 기억과, 발자국을 찍으며 오갔던 나의 흔적이 순식간에 지워진다는 것은 큰 충격이었다. 아, 언젠가는 내 인생도 삶의 무수한 희로애락도, 저같이 지워지겠지.

간직하고 싶은 소중한 것들이 잊혀진다는 것은 가슴 아픈 일이다. 그러나 기억이 지워진 사람에겐 슬픔도 함께 지워진다. 누군가를 사랑했었다는 사실조차도 저 먼 망각의 피안으로 사라져 간다는 것을 치매로 기억을 잃어 가는 내 어머니를 보면서 알고 있었다. 하지만 그 의미가 이렇게 현실적으로 와 닿을 줄이야.

모세의 기적은 몇 시간 만에 끝이 났다. 많은 사람들이 각자의 흔적을 찍으며 거닐었던 바닷길은 감쪽같이 사라졌다. 저

길을 지나왔고, 그 이전에도 지내왔었던 슬프거나 즐거웠던 수많은 인생길도 언젠가는 지상에서 모두 사라져갈 것이다.

지우지 않아도 지워지는 게 인생이라면, 두려워하기보다 차라리 겸허하게 받아들이는 게 순리 아니겠는가.

지금부터라도 슬프고 힘들었던 기억은 조금씩 지워 가는 지혜를 터득해야겠다. 아름다운 추억은 간직하면서, 내 인생이 다 지워지는 그 날까지 행복한 기억에만 묻혀 살고 싶다. 인생은 짧은 것이므로.

안개 속에서

아침 일찍 진주를 향하며 산자락을 물들이기 시작한 가을의 정취를 생각하고 있었다. 시간이야 조금 더 걸리겠지만 고속도로 대신 국도로 길을 잡았다. 모처럼 나들이 길에 가을을 잔뜩 머금고 싶기 때문이었다. 그런데 산자락을 오르는 국도에서 고도가 높아질수록 안개가 짙게 깔려 한치 앞도 분간하기 어려울 정도였다.

가끔 지나치는 차들은 모두 전조등을 켜고 서행하고 있었다. 나 역시 전조등을 켜고 천천히 운전하지만 마음은 초조했다. 안개는 좀처럼 걷힐 기세가 아니었다. 괜한 짓을 했다는 자책이 일었지만 돌아갈 수는 없었다. 차츰 시간이 흐르고 마음은 편안해지기 시작했다.

비상등을 켜고 차를 한쪽으로 세웠다. 이따금 불빛이 흔들리며 스쳐가는 것 말고는 부연 안개 속에서 나는 무인도처럼 혼자였다. 안개 저 너머로는 아무것도 식별되지 않았다. 내 존재 역시 아무도 알아보지 못할 것이다. 이 완전한 고독감–. 문득 헤르만 헤세의 시 〈안개 속으로〉가 떠올랐다.

안개 속을 거니는 것은 참으로 이상하다!
나무와 돌은 저마다 외롭고,
이 나무는 저 나무를 보지 못하니,
모두가 제각기 혼자 있다.

나의 삶이 밝았던 때에는,
세상이 온통 친구들로 가득했건만,
이제 여기 안개가 내리니,
한 사람도 보이지 않는다.

피할 수도 없고 소리 없이
모든 것으로부터 우리를 갈라놓는
그 어둠을 알지 못하는 자는
현명하다고 할 수 없으리라.

안개 속을 거닐면 참으로 이상하다.
산다는 것은 외로운 것
누구도 다른 사람을 알지 못하고
우리는 모두 혼자일 뿐이다.

– 헤르만 헤세 〈안개 속으로〉

내가 안다고 생각했던 이웃과 친구와 가족들을 나는 얼마나 알고 있는 것일까? 그들 또한 나를 얼마나 알고 있을까? 그들의 고통과 슬픔에 대해 얼마만큼 알고 있으며, 그들 역시 나의 아픔과 갈등을 얼마만큼 알고 있을까? 인간의 내면적인 것은 친구나 설사 가족이라 할지라도 다 이해할 수는 없을 것이다. 해서 사람은 태어나는 순간부터 죽을 때까지 혼자라고 하는가 보다.

헤세의 〈안개 속으로〉는 모든 사물과 개인을 갈라놓는 안개 속에서 혼자만의 고독을 느끼지 못하는 사람을 '현명'하지 못하다고 말한다. 예전에는 그 의미가 많은 사람들과의 단절을 의미하는 것이라고 생각했었다. 그러나 잘못된 생각이었음을 자욱한 안개 속에서 깨달을 수 있었다.

'고독'이란 자신의 존재이유를 확인하기 위한 중요한 매개이지만, 고독을 생활화 할 수 없는 것이 인간이다. 헤세가 안개를 통해 현명함을 얘기한 것은 사람들과의 관계를 잘 유지하면서도 항상 스스로를 돌아보며 자신의 존재이유를 성찰하며 살아가라는 뜻이 아니겠는가. 때로는 '혼자' 때로는 '함께' 사이에서 균형을 잡았을 때 비로소 현명한 사람이 되는 것이리라.

안개가 걷히고 있었다. 안개 사이로 햇살이 환하게 비쳐들 때, 사람은 누구나 혼자지만 그렇기에 누군가를 사랑하고 함께하는 것이 아닐까 생각해 보았다. 인생의 의미는 혼자 깨닫는 것이지만 또 한편으로 함께 생활하고 슬픔과 기쁨을 나누는 이웃과 가족도 있어야 한다는 것을.

태초부터 인간이 다른 사람과 격리되어 홀로 살아왔다면 고독이라는 것도 존재하지 않았을지 모른다. 함께 있으므로 외롭지만, 또한 함께 있으므로 외롭지 않은 것이 인간이다. '함께' 있어야 '혼자'를 생각하게 되고 '혼자'를 느끼면서 '함께'를 갈망하게 되는 것이다.

숲이 보이기 시작하고 나무들이 뚜렷하게 보이기 시작했다. 나는 다시 시동을 걸었다. 때로는 홀로 보이지 않는 길도 가야 하는 것이 인생일 터. 인생을 슬기롭게 살아가자면 안개에 막힌 길도 지나보고 멀리 트인 길도 지나보아야 할 것이다. 가족과 친구의 얼굴이 떠올랐다. 그들이 있기에 나는 한치 앞도 보이지 않는 안개 속에서도 버텨낼 수 있었다.

환하게 밝아오는 길을 따라 나는 누군가가 기다리는 곳을 향하여 속도를 내기 시작했다.

킬링필드

영화 〈킬링필드〉를 본 것은 10여 년 전의 일이다. 꽤 오래 되었는데도 아직도 기억에 선명하게 남아있는 것은, 화면 속에 펼쳐진 인간 도살 현장이 너무 참혹하고 섬뜩했기 때문일 것이다. 얼마 전 그곳을 다녀올 기회가 생겨 비디오를 통해 다시 보았다.

영화는 캄보디아 내전을 취재하는 '타임즈'지의 특파원과 캄보디아 현지인과의 국경을 뛰어넘는 우정을 배경으로 생생한 살육의 현장을 그려놓았다. 현지 채용 기자인 '디스 프란'은 크메르루즈 군에 붙잡혀 포로수용소에서 지옥 같은 생활을 하다가 극적으로 탈출한다. 바로 그 장면에서 학살된 사람의 유골이 끝없이 널려있는 죽음의 들, 집단무덤인 킬링필드가 나온다.

나는 프놈펜에 있는 '뚜얼 슬렝 박물관'을 둘러보면서 인간이 인간에게 행한 악랄함에 진저리가 쳐졌다. 3층 건물인 이곳은 원래 고등학교 건물이었는데 공산정권이 들어서면서 수용소로 바뀌었다고 한다. 학생들을 가르치던 교실은 심문실과 고문실과 감옥으로 개조되었고 악명 높은 숙청의 산실이 되었다. 그곳에서 전직관료와 학자 등 2만여 명이 고문에 의해 죽어갔다고. 손바닥과 손가락 마디를 만져서 매끈하면 지식인으로 간주해 처형했다고 하니 그 방법이 무지몽매하기 짝이 없다.

낡은 시멘트 건물 안은 뜨거운 태양의 나라라는 사실이 무색할 정도로 공기마저 써늘했다. 방마다 낡은 침대와 쇠사슬이 있고 벽에는 고문을 받다 숨진 이들의 사진이 걸려 있는데, 아기를 앉고 산 채로 두개골이 뚫려 죽은 한 여인의 사진도 있었다. 또 다른 건물의 선반 위에는 해골들이 얹어져 있고 쇠사슬이나 고문도구가 있어 그때의 참상과 만행을 미뤄 짐작할 수 있었다.

살아생전에 찍었던 사진 속의 얼굴들. 그들은 처형 직전까지만 해도 한 가닥 희망의 끈은 놓지 않았을 것이다. 언젠가는 사랑하는 가족과 친구도 만날 것이며 예전의 평화로운 삶으로 돌아갈 수 있을 것이라는. 그런데 그들은 그 꿈을 끝내 이루지 못했다.

차를 타고 삼십여 분을 더 가니 '쯔응 아익' 마을에 도착했다. 2~3천 평 크기의 추모 공원이었다. 중앙의 탑에는 8천여 개의 해골들이 쌓여 있었다. 탑 주위의 잔디밭 곳곳에 웅덩이가 있는데 주민들을 잔인하게 죽인 뒤 파묻은 곳이라 했다. 전쟁이 주는 아픔을 잊지 말라는 듯 머리·어깨·다리뼈가 전시된 마당 한쪽에 서서 바라보니, 영화 속 '디스 프란'이 시체들이 즐비한 광활한 들판에서 경악하고 있는 모습이 겹쳐졌다. 그 역시 탈출하지 못했으면 그 속에 하나의 죽음으로 보태졌을 것이다.

누가 인간의 역사를 전쟁의 역사라고 했는가. 르네상스 이전까지만 해도 지구상 도처에서 전쟁이 되풀이되고 사람들이 대규모 집단으로 학살되는 것은 보통이었다. 중국의 춘추전국시대가 그랬고, 끊임없이 전쟁의 역사를 써 온 유럽도 그랬다. 인간 개개인의 존엄을 되찾자는 르네상스 운동마저 잔혹한 역사인식에서 출발한 것이다.

아직도 전쟁은 끝나지 않았다. 아프리카와 중동 남미 등에선 정치와 경제적 이유로 혹은 종족분쟁이나 영토분쟁으로 크고 작은 전쟁과 테러가 이어지고 있다. 나폴레옹은 "인간은 혼자 있을 땐 아무것도 아니다."라고 했다. 유아독존적 사고를 하며 전쟁을 밥먹듯 했던 인물의 말치고는 의미심장하다. '더불어 산다는 것', 그것은 작게는 가정에서부터 크게는 국가와 세계의 평화를 의미하지 않을까.

킬링필드의 현장을 떠나오면서 사상과 이념을 초월한 평화로운 그런 날이 오기를 간절히 빌어 보았다. 언제쯤 인간은 전쟁의 역사에 마침표를 찍을 수 있을까.

해금강 천년송

거제도 갈곶乫串. 지형이 칡뿌리를 닮았다 하여 붙여진 이름이라고 한다. 그 갈곶에서 유람선을 타고 파도에 서너 번 흔들리다보면 멋진 바위섬 두 개가 시야에 들어온다. 본래 명칭은 갈곶도이나 우리에겐 바다의 금강산이라 하여 붙여진 해금강海金剛이란 이름이 오히려 친숙하다. 명승 제2호로 지정된 절경답게 기암괴석으로 이루어진 바위섬은 오만 가지 형상의 만물상을 빚어낸다. 썰물 때면 신비로운 모습을 드러내는 십자동굴과 바다를 향해 포효하는 사자바위, 일월관암 등 파도의 침식으로 빚어진 그 모습은 문자 그대로 천태만상이다. 그래서인지 이곳에 오면 선계의 느낌이 들고, 눈길 닿는 곳마다 신선이 바둑알 두는 소리가 명징하게 들리는 듯하다.

고개 들어 절벽 위를 본다. 흙 한 줌 없는 천애의 낭떠러지에 수평선을 굽어보고 서 있는 한 그루의 소나무. 세찬 비바람을 이기고 독야청청 이곳에서만 1,300년의 수령을 만들며 버텨온 노송老松. 이 나무가 '천년송'이라 불리는 고목이다. 천여 년 전 이곳에서 무슨 일이 있었는지 아는 사람은 아무도 없다. 그저 저 소나무만이 까마득한 세월 저편을 의연히 지켜왔을 뿐.

이곳의 최초 지명이 문헌으로 고증된 것은 문무왕 17년이다. 거제에 상군을 설치하고 송변현, 노거현, 매진현의 3현을 두면서부터라고 한다. 문무왕의 치세가 서기 661년부터였으니 저 소나무도 그때 뿌리를 내렸다면 거제도의 역사와 함께해 온 셈이다. 세월의 가파른 언덕에 서서 인간사회의 변천사를 지켜보면서 노송은 과연 무슨 생각을 했을까. 수명이 채 백년도 안 되는 인간들의 탐욕과 비애를 보며 그들의 어리석음을 한탄하지는 않았을까.

천년송은 그 자태에서부터 오랜 풍상을 겪은 모습이 역력하다. 둥치는 물론 가지마저 이리저리 휘고 비틀린 모습이어서 사람이 인위적으로 다듬고 가꾼 귀한 분재에 비길 바가 아니다. 천년의 세월을 인고해 온 '천년송'의 아름다움이야말로 진정한 자연미였다.

인간 세상에도 가끔 노송 같은 느낌의 사람이 있다. 깊은 산속에서 고뇌를 삭이며 우주의 궁극窮極을 깨달아 가는 수도승 같은 사람. 그런 사람은 비록 겉모습은 거칠어 보여도 내면은 아름답기 그지없다. 설령 수도승이 아니라 할지라도 세상의 중심에서 삶을 관조하며 달관의 삶을 살아가는 사람의 체취는 그윽하기까지 하다. 그들의 가슴엔 깊이를 알 수 없는 바다가 있으며, 눈빛 속엔 넓이를 알 수 없는 우주를 담고 있기 때문이다. 우리는 가끔 그런 귀중한 인연을 만나게 되는 행운을 갖거나 미디어를 통해 소식을 접하기도 한다.

언젠가 탁닛한 스님의 저서 ≪화≫를 읽은 적이 있다. '화가 나면, 남을 탓하거나 자책하기보다는 화를 아기처럼 끌어안고 달래라.'는 그 말씀을 가끔씩 떠올리며 스스로를 다스리려 애쓴다. 그러다 보면 어느새 분노는 사그라지고 마음이 편안해지면서 안식을 얻기도 한다.

천년송을 가만히 보고 있으면 바로 그런 위인을 만난 듯하다. 머리엔 드넓은 우주를 얹고, 가슴엔 푸른 대양을 안고 세상의 사단칠정마저도 초월한 사람. 삶의 곳곳에서 부딪히는 좌절과 난관마저 부드러운 나이테로 만들어 가며 스스로 몸을 낮추는 지혜야말로 얼마나 현명한가.

내 마음 속에도 나무 하나를 키우고 싶다. 하찮은 충돌에도 화를 내며 작은 슬픔도 못 견뎌 하는 보잘것없는 나무가 아니라 상대를 이해하고 용서하면서 관조할 줄 아는 늠름한 나무를. 가슴에 대양은 아니더라도 놀이 반짝이는 작은 바다 하나 품고, 머리엔 우주가 아닐지라도 창틈으로 스며든 작은 하늘조차 소중하게 기억하는 노목老木 하나를—.

그 섬에 가면

차라리 섬이 되고 싶을 때가 있다. 복잡한 인연과 갈등을 훨훨 털고 세상만사와 아득히 멀어진 그런 섬이고 싶다.

실타래 같은 인연으로부터 탈출하고 싶은 욕구에 시달리던 어느 날, 나는 무작정 차를 몰고 나섰다. 내 사는 곳에서 그리 멀지 않은 곳에 세상으로부터 격리된 채 섬에 살다가 그대로 섬이 된 옛사람의 유적이 있다는 걸 들었기 때문이다.

남해안의 명물로 자리 잡은 초양대교와 늑도대교를 지나서 앵강만으로 향했다. 차창 밖으로 보이는 물빛이 너무 맑고 푸르렀다. 눈길을 들어 수평선을 향하니 크고 작은 섬들이 점점이 떠 있다. 푸른 물결에 저 홀로 떠 있는 섬들은 고독해 보였고 슬퍼 보였다.

옛날, 권력투쟁에서 밀려난 정객들은 대부분 섬으로 유배되었다. 그들에겐 언젠가는 돌아갈 육지가 있다는 것이 하루하루를 견디는 희망이었을 터. 그때의 육지란 권력의 땅이기보다는 사랑하는 사람들이 숨 쉬는 곳이었을 것이다. 저곳에서 그들은 부귀영화를 잊지 못해 괴로워했을까? 아니면 인간사 부질없음을 깨닫고 해탈했을까?

얼마나 달렸을까. 목적지의 푯말이 보인다. 백련마을이다. 두어 개의 횟집과 텃밭을 낀 집들이 바다를 바라보고 있는 작은 마을이다. 그 해안으로 낚싯배들이 오고 나가는데 마을 바로 앞에 작은 섬 하나가 떠 있다.

노를 많이 생산하여 노도櫓島라고 불렸다는 그 섬엔 열서너 채의 집이 무료하게 엎드려 있다. 저곳이 바로, 삼백여 년 전 서포西浦 김만중 선생이 삼 년 동안 가극안치加棘安置되었던 곳이다. 그는 이곳에서 ≪서포만필≫과 어머니께 바치는 ≪구운몽≫을 집필했다 한다.

≪구운몽≫의 배경이 된 질푸른 앵강만은 전설을 안은 채 묵묵히 수평선을 바라보고 있다. 여덟 선녀를 거느리고 세상의 부귀영화를 희롱하던 길고 긴 한 생이 사실은 젊은 스님의 일장춘몽이었다는.

서포 선생은 이 앵강만 푸른 파도 위에 삶이란 일장춘몽임을, 사람이란 파도에 떠밀리는 섬처럼 고독한 존재에 불과한 것임을 실어 보냈으리라.

이곳 사람들은 그를 '묵고노자 할배'로 불렀다 한다. 선생이 손수 파놓은 옹달샘의 물을 마시고 솔잎피죽으로 근근이 연명하면서도 당최 일이라곤 안해서 그런 별칭이 붙었다는 것이다. 하기야 당신 한 입 부양하는데 무슨 대단한 노동이 필요했겠는가. 수평선을 바라보는 '묵고노자 할배'의 눈빛은 푸른 바다를 닮지 않았을까. 인간사의 온갖 질곡과 신산고초의 거대한 파도가 한낱 물거품 되어 부서질 때 비로소 가질 수 있는 그런 눈빛이었을 것이다.

백련마을에서 통통배를 타고 노도를 한 바퀴 둘러보았다. 해안은 깎아지른 절벽으로 절경이었다. 선착장의 간이 도크에서는 나이든 부부가 2톤 남짓한 배를 손보고 있을 뿐, 시간도 바람도 정지된 듯했다.

선착장에 내려 먼저 '김만중 유허비'를 보고 언덕 위의 집터와 허묘를 찾아 나섰다. 바다와 파도소리를 등에 지고 언덕을 오르다보니 폐교가 하나 있다. 아이들이 뛰놀던 운동장에는 잡초와 풀들이 자랐고 응석을 받아주던 놀이기구들은 제멋대로 나뒹굴었다.

한쪽 나사가 빠져 삐거덕거리는 그네를 몇 번 흔들어보고는 그곳을 나왔다. 등 뒤에서 꼬마들의 천진한 웃음소리가 들리는 듯했다. 섬에 머무는 두 시간 동안 이상하게도 아이들을 한 명도 볼 수가 없었다. 대다수의 집들은 빈집인 채로 을씨년스럽다.

오솔길을 따라 한참을 오르다보니 계단이 나왔고, 그 너머

키 큰 잡초를 헤집고 들어가 보니 집터와 묏자리인 듯한 공터가 있었다. 서늘한 기운이 감돌았다. 그의 말대로 인생이란 봄날에 꾸었던 한낱 꿈인 것일까. 서포는 일찍이 진사에 합격했고 병조판서를 거쳐 두 번이나 대제학까지 지냈지만, 당파의 희생양이 되어 외로운 섬 노도에서 병사하시고 말았다.

내려오는 길에 그제야 사람 소리를 들을 수 있었다. 낮은 담 너머로 노인 두 분이 나를 멀끔히 쳐다보고 계셨다. 나는 얼떨결에 고개를 숙여 인사를 했다. 그들은 나를 구경할 만큼 신기했던 모양이다. 퇴락한 섬에 하릴없이 중년의 도시 여자 하나가 왔다는 것이, 아마 나를 '묵고노자 아지매'쯤으로 생각하지 않았을까. 문득 일장춘몽은 인생에만 해당하는 건 아닌 것 같다는 생각이 들었다. 섬의 삶 또한 그렇지 않은가.

십여 년 전만 해도 이 섬엔 사람들로 활기가 넘쳤을 것이다. 저녁이 되면 동구 밖에서 놀고 있는 아이를 부르는 엄마의 소리도 있었고, 대문 안에서는 아이의 새근거리는 숨소리도 들렸을 것이다. 그러나 지금은 아이의 울음소리가 사라 진지 오래. 섬을 지키는 저 노인들마저 사라지고 나면 이 섬은 적막의 땅이 되고 말 텐데….

그러면 섬도 따라서 죽는 것 아닐까? 아니, 사람을 다 떠나보내고 나면 섬은 그때 비로소 참다운 섬이 되는 게 아닐까. 인간의 욕망이 사라진 땅, 오직 물새와 들꽃과 바람만으로 가득한 땅, 그게 섬의 본연의 모습이 아닐는지.

가벼운 마음으로 백련마을로 돌아왔다. 차에 앉았다. 시동을 걸기 전에 전화를 걸었다. 누구에게 걸었는지 기억이 잘 나지 않는다. 하지만 누구면 어떠랴, 어차피 독백인 것을.

'지금은 안개 속, 앞이 보이지 않는다. 하지만…….'

안개란 해가 떠오르면 걷히는 것이며, 안개가 짙은 날은 쾌청한 날의 징조 아니던가.

2부

7할割의 미학

얼마 전 우리 근해에서 해난사고가 있었다. 어선이 조업 중에 전복된 사건이다. 사고의 원인은 황당했다. 배가 감당할 수 있는 용량보다 더 많은 고기가 그물에 걸려서 일어났다는 것이다. 나는 그 배에 탔을 선원과 가족들 생각에 가슴이 아프면서, 정작 그런 위험한 상황이 닥쳤을 때 그물을 잘라버렸으면 배가 뒤집히는 불상사는 피할 수 있지 않았을까 하는 생각마저 들었다.

최인호의 소설 ≪상도≫에는 계영배戒盈杯라는 묘한 술잔이 등장한다. 처음에 나는, 작가가 어떤 의미를 강조하기 위해 허구로 만들어낸 마법의 잔이려니 생각했었다. 그런데 그 잔이 실존했다는 것을 알고는 무릎을 쳤던 것이다. 그렇게 커다란 깨달음을 얻고도 실천에 옮기지 못한 채 아직껏 욕심의 바다에서 허우적거리고 있다.

계영배란 '넘침을 경계하는 잔'이라는 뜻으로 '절주배節酒杯'라고도 불린다고 한다. 고대 중국으로부터 유래한 그 잔은 공자가 제齊나라 환공의 사당을 찾았을 때 생전의 환공이 스스로의 과욕을 경계하기 위해 늘 곁에다 두고 사용했다는 '의기意器'를 보게 되었는데 그것이 바로 계영배다. 우리나라에서도 조선조 후기 은일지사로 평생을 살았던 선비들이 벼슬이든 음식이든 과하면 탈이 나기 십상이라 자신을 다잡는 사표로 삼았다고 전한다.

계영배—.

영물 같은 이 잔은 아무리 채워도 7할을 넘지 못한다. 그 한계를 넘기게 되면 여분의 것마저 사라져버리기 때문이다. 이런 7할의 묘미를 알 리 없는 인간들은 세상의 모든 것을 끝없이 채우러든다.

안분지족이란 말이 있다. 자기 분수를 알고 그것에 만족한다는 의미이다. 인간의 욕심이란 10할이 되어 채우고도 언제나 불만족이다. 그렇게 다 채운 10할은 언젠가는 재앙으로 되어 돌아오기 마련인데도.

무엇이든 차면 넘치는 법. 세상에서 넘쳐서 좋을 건 그다지 많지 않다. 7할의 채움이 나머지 3할도 마음 편안하게 해준다는 진리를 우리는 깨달아야 하리라. 여백의 미학이란 말도 여기에서 연유된 것이 아닐는지.

옛날 중국에서는 원숭이를 잡을 때 조그만 단지 안에다 도토리를 넣어두는 방법을 썼다고 한다. 도토리에 정신이 팔린 원숭이가 그것을 잔뜩 움켜쥐기 때문에 그 좁은 아가리로 손이 빠지지 않아 생포된다는 것이다. 주먹을 펴거나 몇 개만 덜어내도 달아날 수 있을 텐데 욕심 때문에 그 쥐었던 손을 펴지 못하는 원숭이의 어리석음이여. 그런데 원숭이를 잡기 위해 그런 꾀를 부리는 인간의 모습은 정작 어떤가. 아마도 원숭이를 잡기 위해 부리던 술수는 달아나 버리고 영악스러움만 더 커진 욕심덩이는 아닐까.

대책 없는 욕심쟁이. 이것이 진정 우리들의 모습이라면 이제부터라도 가슴속에 계영배를 들여놓고 7할의 선을 성찰해야 하지 않을까. 그러고도 남은 공간에는 삶의 훈기를 불어넣고 '비움의 미학'을 조금이나마 터득할 수 있도록 반야의 정신을 담아야 하리라.

12월의 장미

뜨락 한켠에 장미 한 송이가 붉은 봉오리를 피우고 있다. 세상에나, 산간지방에는 눈이 오고 개울가엔 살얼음이 얼었다는데 장미라니!

초겨울 바람에 줄기는 퇴색하고 잎은 바스러졌는데 장미가 피고 있다는 사실이 믿겨지지 않아 한참을 바라보다 손을 내밀어 만져보기까지 했다. 누가 색종이로 만들어 붙이지는 않았는지…. 자세히 보니 기특하게도 그 아래로 작은 봉오리 하나가 새로이 움트고 있었다.

하기야 요즘은 지구촌 날씨가 이상기온을 보이면서 겨울에도 꽃을 피우는 종種이 있긴 하다. 봄도 채 가기 전에 꽃을 피워낸 진달래가 있는가 하면, 눈이 채 녹지 않았는데도 노란 꽃잎을 내미는 철부지 개나리도 있다. 어쨌거나 추운 겨울에 꽃을 피운 장미는 시련이었겠지만 보고 있는 내 마음은 더없이 훈훈했다.

꽃만이 아니다. 겨울에 피는 장미처럼 나이가 들어 갈수록 아름다워지는 사람들도 있지 않는가. 불현듯 12월의 장미처럼 감동을 주던 '실버'들이 생각났다.

평균 연령 66세로, 히말라야 에베레스트 정상 등반에 성공한 '실버원정대'. 그들의 소식을 접하고는 가슴 뿌듯했었다. 또 광주에서 들려온 '실버밴드' 소식도 그랬다. '은빛 하모니연주단'과 '빛고을팝스밴드'는 퇴직공무원과 아마추어 음악인으로 결성되었는데 이 지역 노인들 사이에서는 유명가수 못지않게 인기가 높다고 한다. 게다가 특별한 공연을 제외하고는 무보수 자원봉사로 전남지역의 요양원 등 복지시설을 순회하며 아름다운 황혼을 뽐내고 있다는 것이다.

김해에서도 '허황옥 실버무용단'이 창단되어 소외계층인 여성노인들에게 우리의 고전 춤을 배워준다고 한다. 노인들의 삶의 질 향상은 물론 사회참여와 봉사로서 활력 있는 생활을 영위할 수 있도록 하기 위함이란다.

해외토픽에서 읽은 사연들도 아름답기는 마찬가지다. 미 연방대법관이었던 [오코너] 씨는 십여 년을 알츠하이머 투병 중인 남편을 돌보기 위해 작년에 법복을 벗었다고 한다. 남편을 간병하기 위해 은퇴한 오코너 씨의 순애보가 알려지면서 '황혼의 사랑'이 새롭게 조명 받고 있다.

또 낼모레면 일흔인데 영화를 만든다는 노인들의 이야기도 감명 깊다. 처음에는 소일거리로 컴퓨터를 배우기 시작했다가 영화를 찍게 된 9명 중에는 한국인 두 명도 포함돼 있다. 그들은 남에게 베풀면서 즐거운 마음으로 사는 것이 바로 건강한 노년생활을 가꾸는 비결이라고 말한다.

나이가 들면 '곱게 늙고 싶다'는 것은 모든 노인들의 소망일 것이다. 곱게 늙어 간다는 것은 육체는 물론 정신적인 건강까지도 균형 있게 가꿔나가는 것을 뜻한다. 의학의 눈부신 발전으로 인간의 평균수명이 늘어나면서 건강한 노년 가꾸기는 결코 멀리 있는 이야기가 아니다.

어느 해였던가. 한 방송사 모금행사에 입성이 허름한 노인이 봉투를 놓고 간 사건이 있었는데 알고 보니 그 봉투 안엔 '이' 모라는 사람이 남대문시장에서 평생 동안 볼펜을 팔아 모은 돈 30억 원이 들어 있었다는 것이다. 이 선행 뒤에 그가 사뒀던 수원의 땅값이 치솟아 그것을 처분한 전액 또한 불우이웃돕기에 내놓았다는 후문이었다.

사람들은 나이가 들어가면 새로운 환경을 만들고 새로운 일, 바람직스러운 일을 찾기보다는 자신이 해왔던 일마저 지겨움을 느끼고 인생의 허무함을 탓하기 쉽다. 그런데도 많은 실버들이 나이에 연연하지 않고 청춘처럼 알차게 스스로의 삶을 엮어가고 있는 걸 보면 생의 마지막까지 최선을 다해 꽃을 피우는 장미꽃 같은 열정이 느껴진다.

세한의 추월랑 아랑곳하지 않고 꿋꿋하게 꽃을 피워낸 겨울 장미. 보면 볼수록 아름답다. 언젠가는 나도 저 '12월의 장미'처럼 내 인생의 겨울에 작지만 소담스런 대견한 꽃 한 송이 피워 내리라.

마지막 편지

크리스마스 캐럴이 들릴 때쯤, 나는 슬프고 아름다운 뉴스 하나를 접했다. 샌프란시스코에 거주하는 한국계 제임스 김에 관한 기사였다. 추수감사절 휴일을 이용해 자동차 여행을 떠난 제임스 김 일가족의 행방이 확인되지 않고 있다는 소식이었다. 며칠 후, 차안에 갇힌 지 9일 만에 그의 아내와 두 딸은 극적으로 구조되었지만 도움을 청하러 떠난 제임스 김은 오리건 주 깊은 산속에서 시신으로 발견되었던 것이다.

이후 사건의 디테일한 부분들이 알려지면서 세계인들은 제임스 김에게 진심으로 애도를 표했다. 미국의 언론들은 일제히 가족을 살리기 위해 폭설 속을 헤치고 다니다 싸늘한 시신으로 발견된 제임스 김을 '초인이자 진정한 영웅'이라며 그의 지극한 사랑을 보도했다.

일주일 동안 폭설에 갇혀 그들은 밤에만 히터를 켰고, 심지어 차 타이어까지 태우며 구조대를 기다렸다고 한다. 기름과 식량마저 바닥나자 제임스 김은 평상복 차림으로 구조요청을 위해 길을 나섰다고. 그 길은 급경사의 험준한 길임에도 눈을 헤쳐 가며 무려 20여 킬로미터나 걸었다는 것이다. 가족을 위해 예측할 수 없는 위험한 길을 택했던 제임스 김. 초인적인 의지로 전진하다가 자신의 생이 다했다고 느끼자 겹쳐 입었던 바지를 벗어 흔적을 남겼고, 얼어붙고 마비된 손으로 구조요청 메모를 남겼다.

대개의 남자들은 원시시대 때부터 가족을 책임지는 가장으로 길들여져 왔다. 특별한 모계사회를 제외하면 예외 없이 그렇다. 한국 남자들은 가족을 부양하고 책임진다는 의식이 강하다. 조선시대 국교였던 유교는 철저한 가부장제도로 남성들의 권위 아래 여성들을 억눌렀지만 한편으로는 가족에 대한 부양의무를 혼자 지는 결과도 가져왔다. 가부장제의 권위가 여성의 지위를 남존여비 수준으로 낮춰버린 동시에 남성들에게 과도한 책임과 의무를 짊어지게 한 것이다. 그래서 아직도 한국 남자들은 가족에 대한 부양의무를 사랑의 신의와 동일시하는 경향이 있다.

제임스 김의 가족에 대한 의지는 분명 사랑의 힘이었다. 그래서 세계인들은 일반적 이해의 선을 넘어서는 그런 한국인 아버지이자 한국인 남편으로서의 의지에 찬사를 보내는 것이다.

서양인들은 눈에 보이는 표현을 중시하는 것 같다. 그래서 아침저녁으로 얼굴을 마주할 때마다 '사랑한다'는 말을 습관처럼 하는 것이리라. 그러나 서로의 의무와 권리를 따질 때는 한 치의 양보도 없다고 한다. 반면에 한국 남자들은 사랑한다는 표현에는 인색하지만 아내와 자식을 위한 일에는 자신의 모든 것을 과감하게 내던진다. 제임스 김의 이야기는 우리들에게 다시 한 번 그 사실을 깨닫게 해주는 것이다.

그런 한국 남자들이 이즈음 많이 위축되었다는 생각이 든다. 1990년대 페미니즘 운동이 활발해지면서 여성의 사회적 진출이 늘고 여성의 지위와 권리에 대한 목소리가 커지면서이다. 그러나 이제는 남성과 여성이 어느 정도 권리와 의무에 대한 동등한 균형감각을 유지해가고 있는 듯하다. 다만 한국 남자들의 당찬 패기가 사라진 것 같아 씁쓰레하다.

김정현의 소설 ≪아버지≫와, 조창인의 소설 ≪가시고기≫가 나왔을 때 나는 밤새워 그 책들을 읽었다. 비록 통속적인 내용이긴 하지만, 그것은 이 땅에서 점점 작아져가는 아버지와 '가장'이라는 짐을 홀로 지고 가는 한국남자들의 사랑과 아픔에 공감했다.

제임스 김이 가족에게 남긴 사랑과 실천의 의지는 더 말할 것도 없을 것이다. 그 가족들은 영원히 남편과 아빠의 사랑을 가슴에 새기며 살 것이 분명하다. 그리고 이 이야기를 전해

듣는 사람들 또한 다시 한 번 한국 남자들의 묵직한 사랑과 혼자 침묵으로 극복하는 슬픔에 대해 생각해보게 될 것이다.

나는, 제임스 김이 이승에서 쓴 마지막 편지를 떠 올려보았다. 이제 곧 죽음이 찾아오고 사랑하는 가족들에게 스스로가 구원이 되지 못한다는 것을 깨달았을 때 그는 무슨 생각을 했을까? 점점 가물가물해져 가는 의식 속에서 가족의 구원을 요청하는 글을 쓰며 그는 어떤 생각을 했을까? 아마도 두려움과 슬픔으로 가득 찼을 것이다. 자신의 죽음이 두려운 것이 아니라, 자신이 더는 가족에게 구원이 되지 못한다는 절망에서 오는 두려움과 슬픔 때문이었을 것이다.

그의 순애보적인 사랑에 하늘도 감동했는지 가족들은 무사히 구조되었다. 삶의 마지막 순간까지 가족에 대한 걱정을 놓지 못했던 제임스 김. 나는 그가 남긴 마지막 구절을 쉽게 잊을 수가 없다.

'아내와 어린 두 딸이 차에 갇혀 있으니 구조대를 보내 주시오!'

봄의 길목

봄이다.

노랑나비들이 들판을 수놓는가 싶더니, 어느새 벌들이 날개를 붕붕거리며 이꽃 저꽃을 넘나든다. 진달래를 따라 영산홍이 무리지어 핀다. 연분홍 꽃에는 아침에 친 듯한 거미줄이 보이고 그 사이사이 이름 모를 풀꽃들이 덩달아 햇살을 즐기며 있다. 봄햇살 때문이었을까. 비 온 뒤라 풀밭은 초록 냄새로 가득하다. 나는 풀밭에 앉아 개미들이 줄지어 가는 모양을 관찰한다.

저 안쪽에 개미의 집이 있는 모양이다. 풀꽃 사이로 개미떼들이 지난겨울의 게으름을 벌충이라도 하려는 듯 바지런하다. 그들은 숙련된 일꾼들처럼 줄을 따라 움직이다가, 반대편에서 거슬러오는 개미를 만나면 자기네들끼리 무슨 정보라도 나누는가 싶더니 다시 줄을 따라간다. 언젠가 TV에서 보았던 흰개미집이 생각난다. 스스로를 보호할 수 없는 쌀알만 한 몸집에 각질층조차도 없는 흰개미들의 집을 보면서 그들의 건축기술에 감탄하고 말았다. 거대한 탑처럼 보이는 그것들은 높이가 무려 9m에 이르는 것도 있었다.

부드러운 피부를 지닌 흰개미는 밖에 나가면 쉽게 말라 죽기 때문에 지하에 집을 짓거나 땅 위에 흙을 모으고 타액으로 굳혀서 오랜 세월에 걸쳐 단단한 '빌딩'을 만든다는 것이다. 뿐만 아니라 그 구조는 낮에는 열을 발산하고 밤에는 열을 모아두어 개미가 살기에는 더없이 적합한 최상의 과학적 구조물이라 한다.

더욱이 재미있는 것은 오스트레일리아 북부지역에는 '개미의 사원'으로 불리는 흰개미가 지은 수천 개의 탑이 유명한 관광명소가 되어 있고, 아프리카의 마사이족들은 이들 흰개미의 집을 헐어 소의 분비물과 섞은 후 그들이 기거할 움집을 짓는다는 것이다.

또 벌들은 어떠한가. 벌집의 육각형 구조는 오랫동안 건축가들의 연구대상이었으며, 그것이 나무랄 데 없이 완벽한 구조라는 데 이의를 달지 않는다. 벌집의 육각형은 최소한의 재료로 최대한의 공간을 확보하는 가장 경제적인 구조로서 자체중량의 무려 30배에 가까운 꿀을 저장할 수 있다는 것이다.

그렇게 공동체 생활을 하는 벌들의 사회적 규칙 또한 엄격

하다고 한다. 여왕벌을 선두로 수벌과 일벌이 있는데, 여왕이건 일꾼이건 병정이건 자신에게 주어진 역할에 충실하여 다른 역할을 탐내거나 시기하지 않는다 한다. 개미나 벌의 사회성! 그것이야말로 수억 년 동안 그들의 사회를 유지해온 그들만의 특별한 비결이 아닐까.

비록 인간이 만물의 영장이라고는 하지만 곤충들에게서 배울 게 많다는 생각이 든다. 나는 '동물의 왕국' 프로그램에서 곤충들이 새끼를 키우는 모습과 공동체를 위해 부지런히 일하는 모습을 보며, 우리가 알지 못하는 그들만의 사랑법이 있지 않을까하는 생각을 해보았다.

그러나 무엇보다도 곤충들은 개인의 이익을 위해 공동체에 해악을 끼치는 부류가 없다는 것이다. 곤충의 사회에서 개인의 이익이나 악감정으로 다른 곤충들에게, 혹은 다수 공동체에 해가 되는 일을 꾸미는 사례가 있다는 얘기를 들은 적이 없다. 그들은 오로지 자신에게 주어진 임무만 성실하게 수행하는 것이다.

하지만 인간사회는 어떤가. 한편에서는 사랑을 말하면서도 다른 한편에서는 범죄가 난무한다. 기억조차도 싫은 버지니아 공대의 총기난사 사건을 야기시킨 미국 같은 선진국은 극단적 이기주의로 골머리를 앓고 있고, 아프리카를 비롯한 후진국은 각기 다른 이익집단의 무력충돌로 수많은 사람들을 고통 받게 한다. 우리나라라고 예외는 아니다. 부실공사로 건물과 다리가 주저앉는가 하면, 이유 없는 불만으로 지하철에 불을 지르는 끔찍한 사태가 발생하기도 했다. 곤충보다 찬란한 문명을 만들었지만 어찌 보면 곤충사회보다 더 열악하고 위험한 환경 속에서 인간은 살고 있지 않은가.

벌처럼, 개미처럼, 자신에게 주어진 환경과 자신의 역할에 최선을 다한다면 우리 사회는 한층 건전한 사회가 되지 않을까. 오늘 이 봄볕처럼 나 자신부터 누군가를 따뜻하게 비춰주는 사랑을 하고 있는지를 자문해본다. 자리를 뜨는 내 등 뒤로 영차, 영차, 개미농군들의 구령 소리가 봄의 길목을 닦으며 밀려오고 있는 듯하다.

비누

하루에도 몇 번씩 손을 씻는다. 손에 쥔 비누는 닳아서 손에 착 달라붙는다. 풍성한 거품이 더러움을 떨어내며 흐르는 물에 상큼하게 씻겨 내려간다.

나는 마음이 언짢을 때면 손을 씻는다. 삶이 나를 화나게 할 때도 손을 씻으면 개운함을 느낀다.

식사 후, 손을 씻고 커피를 끓여 창가에 앉는다. 은은한 커피 향 속에 비누향이 손님처럼 다가온다. 생각해보면 비누란 참 묘한 물건이다. 제 몸을 줄여가며 사람들의 냄새와 찌든 때까지 말끔히 지워주지 않는가.

요즘은 정신건강이 더 혼탁해지고 있는 것 같다. 주위를 돌아보라. 노랫말은 이별과 슬픔으로 가득 차고, 영화는 폭력과 배신으로 점철되고, 정치는 음해와 거짓이 난무한다. 아이들은 어른들의 노랫말과 영화를 흉내 내고 어른들은 그런 아이들 앞에서 배신과 야합을 밥 먹듯 한다. 세상이 점점 거칠어지면서 문학마저 악마주의나 무기력한 패배주의로 침몰하는 이즈음 세상은 그다지 희망적이거나 따스해 보이지 않는다.

남의 허물은 가려주고, 버릇없는 아이는 어른이 나서서 훈계하며, 황혼녘에 굴뚝의 연기가 나지 않는 집은 이웃끼리 보리쌀 한 바가지라도 건네주던 따뜻한 인정은 어디로 갔을까. 이쯤 되면 정녕 말세라고 말할 수밖에 없는 현실이다. 때 묻은 세상에서 나는 얼마나 깨끗한 몸과 정신으로 살고 있는지 가늠하기도 어렵다.

나는 과연 어디쯤에 서 있는 사람일까. 남에게 손톱만큼의 피해를 입힌 적도 없으며 이 세상에서 비누처럼 살고 있는 사람일까. 그렇지 못하다는 걸 잘 알기에 스스로에게 또 화가 난다. 손을 씻어야겠다.

나 스스로 위대한 인물이 되려고 생각해 본 적도 없고 그럴 능력도 없다. 사소한 이웃과의 관계에서라도 내가 먼저 상대의 허물을 덮어주고 상대의 등을 토닥이며 사과하는 그런 자세를 가져봤는지 묻는다면 할 말이 없다. 작은 희생 하나로도 세상은 훨씬 밝아질 것을. 나는 여태껏 부끄러운 삶을 아둔한 줄 모르고 살아온 것이다. 고인이 되신 중광 스님은 스스로를 걸레에 비유하며 "걸레가 어떤가? 자신의 몸을 더럽혀가며 세상을 깨끗이 닦아 내지 않는가?"라고 말했었다. 그런데 비누는 그런 걸레에게마저 제 몸을 제공하며 씻어주지 않는가.

우리는 아침마다 자리에서 일어나면 습관적으로 이를 닦고 세수를 하고 몸치장을 한다. 그리고는 화장대에 앉아 거울을 보고 얼굴의 잡티를 지우고 머리를 단정하게 다듬는다. 그러면서도 짐짓 그 거울 속에 비친 제 마음 속의 잡티나 더러움까지 직시하고 닦아낼 생각을 하는 사람이 얼마나 될까. 세면기 위의 비누로 제 마음 속의 찌든 때를 지워내고 하루의 일과를 시작하는 그런 생각을 나부터 가져본 적이 있었던가.

마지막 한 방울의 커피를 마시고 일어난다. 세면대로 가서 비누를 집어 든다. 거품을 내어 손을 박박 문지른다. 비로소 거울을 보며 깨닫는다. 내 마음의 때를 씻어내는 것은 손바닥 안의 비누가 아니라 내 마음 속의 비누를 비벼대는 일이라는 것을.

아름다운 나무

어떤 일의 부분에만 집착하여 전체를 보지 못한다는 뜻으로 '숲은 보지 않고 나무만 본다.'는 말을 흔히 쓴다. 그러나 산을 오르거나 숲을 산책하다 보면 전체 숲은 보면서도 나무 하나하나를 보지 못하는 경우가 많다.

얼마 전, 가끔 오르는 산에서 소나무 세 그루가 묘한 모습으로 자라고 있는 것을 보았다. 전에는 별 생각 없이 스쳐 지나곤 했었는데 그날따라 이상하게도 내 시선을 끌었다. 양쪽의 두 소나무는 하늘을 향해 곧게 자라 있었다. 그런데 가운데 소나무는 둥치의 중간 부분이 기역자로 심하게 굴곡이 져서 하늘을 향하고 있는 게 아닌가. 살펴보니 왼쪽 나무의 중간쯤에 굵은 가지가 뻗어 나와 있었고, 가운데 나무는 그 가지를 피해 옆으로 한 번 굽어 자랐던 것이다. 두 나무 사이에 끼어 고사할 수도 있었는데 스스로를 양보하며 몸을 굽힘으로써 좁은 공간이나마 자신의 몫으로 누린 것이다.

순간 나는 부끄러워졌다. 우리는 자연을 찬양한다고 말은 하면서도 자연의 섭리를 거스르며 살고 있지 않은가. 예전엔 미덕으로 여겼던 양보나 이해, 관용과 연민 등은 이제는 보기 어려워졌다. 자신이 손해본다고 여겨지는 일은 좀체 참지 못하며 조금이라도 불편을 주는 행위를 참아내지 못하는 것이다. 내 집 앞에 차를 댄다며 삿대질이 오가고 이웃집 시설물이 내 집을 가리게 되면 철거를 요구한다. 이웃과 이웃간의 정이 사라지고 사람과 사람 사이에 이해타산이 들어서는 살벌한 모습을 우리는 자주 본다.

세상에는 여러 유형의 인간들이 살아간다. 숲에 다양한 종류의 나무들이 섞여 자란다. 사람들은 땅의 일정부분에 담을 치고 그 영역의 침범을 결코 용납하지 않는다. 만일 나무들에 이기심이 있어 자신의 영역만 고집하면서 영역 안으로 들어온 다른 나무의 뿌리나 가지를 밀어 낸다면 숲은 저 아름다운 모습으로 존재할 수 있었을까? 아마도 한정된 땅 안에서 서로 싸우고 상처 입히다가 자멸의 길로 들어설 것이 분명하다.

사람이라고 다를 리 없다. 자본주의 사회가 불러온 이해타산 위주의 대인관계는 결국엔 사람을 상처 입히며 병들게 한다. 화려한 물질문명이 도시를 키워가는 대신 그 속에 사는 사람들의 영혼을 병들게 하며 패륜의 길로 몰아가는 것이다.

신문이나 방송에서 따뜻한 마음의 사람들을 취재하여 보도하는 것은 아름다운 마음을 가진 사람들이 점점 사라져 간다는 안타까움 때문이리라.

가운데 소나무는 볼수록 아름답다. 분재처럼 귀하게도 보이지만 보는 사람으로 하여금 또 다른 의미도 깨닫게 한다. 나무가 너무 강하면 꺾어지기 쉽고, 굳고 강한 것이 아래에 들며 오히려 부드럽고 약한 것이 위에 선다고 '노자'는 말했지 않은가. 양 옆에 곧게 뻗은 소나무는 현실적으로는 쓸모가 많을 것이다. 그래서 쓸모가 많은 만큼 어느 날 베어져 누군가의 집에 기둥이나 서까래가 될지 모른다. 그러나 휘어진 소나무를 베어 가는 사람은 없을 것이다.

좁은 공간에서 몸을 굽혀 하늘을 얻은 소나무. 그 나무는 자심의 몸으로 양보와 관용만이 자연의 섭리임을 몸으로 웅변하고 있었다. 유연하게 휘어진 덩치는 우아하기까지 했다.

살아가면서 우리는 휜 나무 같은 사람을 만날 때가 있다. 자신을 낮추고 겸양으로 상대를 대하는 사람. 자신의 불편함에 앞서 상대의 불편함을 먼저 배려하는 사람을 만날 때가 있다. 그럴 때면 난 나도 모르게 그 사람을 닮고 싶다는 생각을 갖게 된다.

산을 내려오면서 내 가슴에 한 그루의 나무를 심었다. 매일매일 물을 주고 가꾸다 보면 내 마음밭의 나무도 그 휜 소나무를 닮을 수 있을까.

아지랑이

봄 산이 흔들린다. 햇살 받은 나뭇가지도 조금씩 몸을 뒤틀며 내게 무슨 말인가 할 듯하다. 졸음에 겨운 눈을 애써 크게 떠보지만 나무도, 산도, 지나가는 행인도 흔들린다. 아, 아지랑이다! 아지랑이를 따라 사물들이 흔들린다.

어디서 날아왔는지 흰나비 한 마리가 팔랑대며 아지랑이 속을 헤집고 다닌다. 의자에 앉은 채 열린 문으로 아물대는 아지랑이를 실눈 뜨고 바라본다.

나는 어느새 아련한 추억 속으로 달려간다. 나무에 새순이 파릇파릇 돋는 교정엔 창문 너머로 아지랑이가 피어오르고, 수업하는 선생님 목소리가 아득하게 멀어진다. 꿈 많은 소녀 시절 아지랑이는 미래를 담아내는 캔버스였다. 햇볕 따사로운 일요일이면 또래들과 뒷산으로 나물 캐러 다니고, 아지랑이 피는 언덕에 앉아 재잘거리는 친구들의 목소리에는 꿈이 스며 있었다.

그 시절 우리들의 미래는 '커서 이러이러한 사람이 되어야겠다.'라는 현실적인 것보다는 신데렐라의 꿈을 좇던 환상의 시절이었다. 성장한 모습에 봄꽃 드레스로 치장하고, 색색의 나비들을 불러 모아 왕관을 씌우고, 유리구두를 신으며 봄의 여신이 되곤 했었다. 흐르는 시냇물에 꽃잎을 띄우며 까르르거리던 소녀들의 목소리에는 서로의 미래를 재는 은근한 경쟁심 같은 것도 있었다.

세월은 강물처럼 흘러 그때 꿈꾸었던 미래가 지금 현실이 되어 있다. 언덕에 앉아 함께 웃고 떠들던 친구들도 지금은 꿈을 벗어버리고 현실을 살아내고 있을 것이다. 나의 현실에는 봄꽃 같은 드레스도, 왕관도, 유리구두도 없지만 이대로 만족하다. 함께하던 친구들은 지금 어떤 삶을 살아가고 있을까.

인생이 꿈처럼 살아질 리는 없다. 꿈은 그냥 꿈으로서 존재할 뿐. 그러나 꿈이 있으므로 우리는 인간이라는 이름으로 존재하는 것이다. 꿈은 그 자체만으로 아름다우며 꿈을 꾸는 사람은 아름답다. 허망한 꿈일지라도 꿈을 꾸지 못한다면 인생은 얼마나 삭막할 것인가.

아지랑이 속에서 소녀시절의 꿈을 찾는다. 그 옛날에 그리던 미래를.

오래 전에 읽었던 윤곤강님의 〈아지랑이〉가 떠오른다.

머언 들에서
부르는 소리
들리는 듯

못 견디게 고운 아지랑이 속으로
달려도
달려가도
소리의 임자는 없고

또 다시
나를 부르는 소리
머얼리서
더 머얼리서
들릴 듯 들릴 듯

살포시 눈감고 귀 기울이니 교실에 울려 퍼지던 선생님의 목소리가 친구들의 목소리가 들릴 듯하다. 지난 시절 아지랑이는 우리들의 미래였었다. 이제 아득한 시간에 떠나와 돌아보니 아지랑이는 내 인생을 수놓은 추억이요 꿈이었던 것이다.

아지랑이 주위를 맴돌던 흰나비는, 내 영혼을 흔들어 놓고 물오르는 산마루 저 멀리로 사라지고 있다.

연리지가 된 나무

거실에 걸려 있는 그림 한 점이 오늘따라 눈길을 끈다. K 교수께서 쳐다만 봐도 금슬이 좋아진다며 선물로 준 것이다. 출생이 서로 다른 가지가 성장하면서 차츰 맞붙어 결국은 한 몸으로 된다는 '연리지連理枝'다. 초록 잎사귀가 무성한 나무에는 온갖 새들이 깃들어 우주의 평화와 사랑을 노래하고 있다.

얼마 전에 어느 부부의 이야기를 전해 들었다. 구순을 넘긴 할아버지와 팔순의 병든 할머니의 애기다. 노부부는 자식들에게 귀찮은 존재가 되기 싫다며 두 분만 사셨다고 한다. 영감님께서는 수년을 도우미의 도움을 받으며 할멈의 식사수발은 물론, 대소변까지 손수 받아내셨다는 것이다. 그런데 며칠 전, 할아버지께서 아들에게 전화를 했더라고 한다.

"네 어미가 막 임종했다."

소식을 들은 자식들은 부랴부랴 아파트로 달려갔다. 그런데 어찌된 일인지 할머니는 깨끗하게 염을 마친 상태였고, 할아버지는 싸늘한 시신이 되어 자식들을 맞은 것이다. 할멈이 돌아가시자 삶의 의미를 상실한 나머지 할아버지께서 자진한 것이라고 추측들을 했다. 나는 그 노부부의 삶과 죽음의 순간을 한동안 떨쳐버릴 수가 없었다.

인간의 생명은 아무리 자신의 것이라 해도 함부로 다루어선 안 될 존엄한 것이며 삶과 죽음은 하늘이 관장하는 것이라고 교육받았다. 그리고 후세들에게도 그렇게 가르친다. 생명 경시 풍조는 타인의 생명 역시 가볍게 여기는 풍토를 조성하여 범죄율을 높일 우려가 크다. 그런 여러 가지 이유로 인간은 스스로 생명을 끊는 행위를 잘못된 행동으로 간주하는 것이다. 더욱이 이번 노부부의 경우는 자식들에게 죄책감을 심어준다는 측면에서도 결코 바람직하다고는 할 수 없을 것이다 .

그런데 알다가도 모를 일은, 왜 그 노부부의 마지막 길이 그토록 아름답게 와 닿는 것일까. 아름다운 정도가 아니라 눈물이 나도록 부럽기까지 한 것이다. 어쩌면 우리가 알고 있던 가치관만으로는 설명할 수 없는 또 다른 가치가 존재하는 것인가. 설사 그것이 우리 사회의 보편적 가치관과 상충되는 것이라 해도, 무조건 나쁘다고만 할 수 없는 또 다른 인간적 가치가 내재되어 있기 때문은 아닐까.

평생을 서로 사랑하며 살다가 오롯이 함께 임종을 맞는 행복한 죽음이 어디 있겠는가. 결혼식장에서 '검은 머리가 파뿌리가 될 때까지….'라는 맹세와 함께 인생의 광야에 발을 내딛지만 혼인서약서에 잉크 빛이 채 바래기도 전에 헤어지는 부부가 급증하고 있는 것이 요즘세태다. 검은 머리가 파뿌리 되고, 파뿌리가 삭아 없어질 때까지 일생을 함께하다가 한날 한시에 손잡고 이승을 하직한다면 얼마나 아름다울까.

연리지의 유래를 찾아보았다. 최초로 연리지가 언급된 것은 송나라의 범영이 쓴 ≪채옹전≫이다. 그는 어머니가 병석에 눕자 지극정성으로 간호를 하다가 돌아가신 후에는 무덤 곁에 초막을 짓고 3년 동안 시묘살이를 했다. 얼마 후 그의 방 앞에 두 그루의 나무가 마주 자라면서 차츰 서로의 가지가 맞붙어 마침내 연리지가 되었다고 한다. 사람들은 그의 효성이 지극하여 부모와 자식이 한 몸이 된 것이라는 내용으로 이때부터 연리지는 부모와 자식 사이의 사랑을 나타내는 효의 상징으로 여겼다고 했다.

그러던 것이 당나라의 시인 백거이가 〈장한가長恨歌〉에서 당태종이 양귀비의 무릎을 베고 누워 하늘의 별을 보며 사랑을 나누는 장면을 읊었는데, 이후부터 부부간·남녀간의 사랑 이야기에도 연리지가 인용되었다. 우리 역사 속에도 남녀의 사랑뿐 아니라 선비들의 우정을 나타내기도 했고, 연리지에 소원을 빌면 부부 사이가 좋아진다는 말까지 생겼다. 특히 한쪽

가지가 죽으면 그 옆 가지도 따라서 죽는다고 하니, 함께 이승을 떠난 그 노부부야말로 연리지 부부가 아닐까 싶었다.

그런데 오늘, 또 다른 말을 전해 들었다. 할머니께서 병사하신 게 아니라는 것이다. 그럼 할아버지께서……? 인간의 생명은 존엄한 것이라곤 하지만 함께 삶을 마무리한 그 노부부에게서 나는 아이러니하게도 더할 수 없는 사랑의 향기를 느꼈다. 누군가 그들의 죽음을 탓하고 싶다면, 인생의 마지막까지 영혼을 다하여 그들만큼 사랑하고 난 뒤에 말할 일이다.

하심下心

'부모님의 발을 씻겨 드린 적 있느냐?'

이 질문을 받고 나는 부끄러워 몸둘 바를 몰랐다.

≪살아 있을 때 꼭 해야 할 49가지≫라는 책을 읽으면서, 그것들 하나 하나가 꼭 내 잘못을 지적하는 것만 같아 얼굴이 뜨거워졌던 것이다. 내용 중엔 일본 기업의 신입사원 면접이야기가 나온다. 면접관이 한 청년에게 위의 말을 물었고, 청년은 그런 적 없다고 솔직하게 대답했다. 면접관은 오늘 집에 가거든 부모님 발을 씻겨드리고 내일 다시 오라 했다. 청년은 그 날 밤, 어머니의 발을 씻겨드리다가 눈물을 흘리고 말았다. 청상의 몸으로 자신을 키우기 위해 별의별 궂은일을 마다하지 않았던 늙은 어머니의 발바닥은 나무등걸보다 더 딱딱했고 갈라져 있었던 것이다. 다음날 청년은 어머니의 발 이야기를 했

고 면접관은 그를 입사시켰다.

성서를 보면 예수께서도 마지막 만찬 때 열두 제자들의 발을 씻겨주셨다고 한다. 이것이 오늘날 가톨릭에서 행하는 세족례洗足禮이다. 발을 씻겨주려면 그 사람 앞에 무릎을 꿇어야 한다. 이것은 자신을 최대한 낮추면서 상대에게 베풀기 위한 기본 자세다. 예수는 "너희들도 서로의 발을 씻기는 것이 옳으리라." 라고 말씀하셨다. 사람들이 자신을 낮추는 마음을 갖는다면, 마음의 평화를 얻고 이 세상 또한 사랑으로 충만하지 않겠는가.

사찰에 가면 신도들은 절을 한다. 3배도 하고 108배도 하며 때로는 3천배도 한다고 한다. 불교 신자가 아니라도 유교적 정서가 깊은 우리 민족에겐 절이 일상화되어 있다. 남의 집을 방문했을 때 그 댁 어른에게 큰절을 올린다. 길에서 아는 사람을 만나도 고개를 숙여 절을 하고 헤어지면서도 절을 한다. 목례든, 큰절이든 거기에는 모두 자신을 낮추고 상대를 높인다는 뜻이 있다. 불교에서는 이런 행위와 마음의 상태를 하심下心이라 한다고. 절을 하는 것은 자신을 낮추는 것이니 자연히 상대는 올라간다. 그렇다고 하여 자신의 인격이 낮아지는 것은 아니다. 널뛰기의 이치가 그러하지 않는가. 널뛰기를 할 때 온 힘을 다해 자신을 아래로 떨어뜨릴수록 상대는 높이 올라간다. 상대가 높이 올라가면 갈수록 내려오면서 나를 더 높이 올려주니 이것이 바로, 하심일 것이다.

마음을 낮추면 화낼 일이 없어진다. 눈을 낮추어 뜨면 욕심이 사라지며, 언어에 예를 다하면 적이 없어진다. 하심으로 얻어지는 것은 참된 자유일 터. 말은 이렇게 하면서도 살아온 세월을 돌아보면 나를 낮추기 위해 노력해본 적이 거의 없는 것 같다. 아는 것보다 실천하는 것이 더 중요하다는 것도 알지만 삶의 여러 모퉁이에서 부대끼다 보면 이성보다 감정이 앞서기 십상이다. 사람의 나이 불혹을 넘기면 자신의 얼굴에 책임을 져야 한다고 한다. 내 나이 벌써 오십대 중반이다. 이렇게 적지 않은 나이임에도 아직까지 사소한 일에 일희일비하고 있다니 내가 보는 내 모습이 이러할진대 남들이 보는 내 모습은 오죽할까.

봄인가 했더니 산하가 초록으로 물드는 여름이다. 만물의 기운이 성성해지는 향상의 계절. 여름은 태양의 계절만이 아닌, 태풍 같은 시련도 함께 한다. 그러기에 뿌리를 깊이 뻗어야만 비바람에도 거뜬하게 견딜 수 있다는 섭리를 우리는 자연을 통해서 배운다. 풍파를 견디게 하는 것은 높이 자란 줄기가 아니라 깊이 내린 뿌리지만, 뿌리는 땅속에서 그 존재조차 감추고 있지 않은가. 자신을 낮추는 행위. 이것이야말로 진정으로 자신을 높이는 것이다. 하심의 마음이 뿌리처럼 아래로 향할 때 인격은 잎 되어 향기롭게 피어나리라.

태양의 계절, 무성한 대지의 흙을 밟으며 하심의 의미를 되새겨 본다. 내 마음은 바닥은커녕 배꼽 근처에라도 갔는지 반성하고 또 반성하면서.

가을 해바라기

햇살이 짙게 내리는 오후면 동네 어귀에 핀 해바라기를 보게 된다. 가을을 알리는 꽃은 코스모스라지만 나는 별로 미더워하지 않는다. 요사이는 초여름부터 줄곧 피는 게 코스모스가 아닌가. 그래서 나는 해바라기꽃에서 가을을 더 느낀다. 딱히 이유가 있는 것은 아니지만 꽃잎의 미세한 변화는 달력보다 먼저 계절을 속삭여주는 듯해서다. 해바라기는 가을이 되면 노랑에서 진노랑으로 표정을 바꾼다. 그리고 시월에 접어들면 겸허하게 고개 떨구고 태양을 향하던 길고 긴 기다림을 멈춘다. 찬란하던 지난여름의 꿈을 그렇게 접는 것이다.

해바라기의 꽃말은 기다림이라 했던가. 해바라기를 생각하면 영화 〈해바라기〉가 떠오른다.

제2차 세계대전이 발발하자, 갓 결혼한 지오반나의 남편 안

토니오는 전쟁터로 향한다. 어느 날, 한 귀환병으로부터 남편이 죽음 직전에 눈 속으로 도망쳤다는 이야기를 전해 듣고는 그의 사진 한 장 달랑 들고 멀고 먼 땅 러시아로 향한다. 광활한 동토의 땅을 찾아 헤매던 그녀는 우크라이나의 들판에서 끝없이 피어 있는 해바라기를 보게 된다. 누군가 말하기를, 그 꽃 아래엔 전사한 사람이 수도 없이 묻혀 있다고 했다. 사랑하는 사람과 가족에 대한 모든 기억을 접고 이국 땅에서 해바라기로 피어나다니! 그녀의 커다란 두 눈에 눈물이 뚝뚝 떨어진다. 그 곳에 핀 꽃 하나 하나가 이름 없는 병사들의 기다림이라면 얼마나 많은 기다림이 또 얼마나 많은 세월을 기다려야 추억으로부터 답장을 받을 수 있을까. 영화 속의 무수한 해바라기를 보며 나는 그런 생각이 들었다.

해바라기꽃은 흡사 뜨겁게 타오르는 태양을 닮았다. 나는 여태껏 '빈센트 반 고흐'의 그림 〈해바라기〉만큼 강렬한 색채를 본 적이 없다. 온통 짙은 노랑과 약간의 파랑색으로만 그려진 그 꽃은 열정적인 고흐의 삶만큼이나 뜨겁게 타오른다. 그러나 그 뜨거움은, 짧은 생을 예감한 슬픔의 발로였을까. 색상은 강렬하지만 목을 꺾고 있는 해바라기에선 애잔한 슬픔이 배어 나온다.

가을은 사색의 계절이자 기다림의 계절이다. 대지를 일깨우며 기지개 켜는 봄이 지나고 젊음의 왕성했던 여름도 지나면 그 열기는 식기 시작한다. 그리고 아침저녁으로 찬바람이 불고 들판의 곡식이 익으면 사람들은 사색에 잠긴다. 거리에 낙엽이 지고 나무들이 야위어가는 모습을 보면서 비로소 인생의 의미를 생각하게 된다. 지난여름의 화려한 추억과 사랑과 희망을 알알이 씨앗으로 거두어 오래지 않아 닥쳐올 겨울을 기다리는 것이다. 씨앗으로 영근 다사다난한 추억들은 겨울바람을 타고 뿔뿔이 흩어지면 삶은 막을 내리고 생명의 드라마는 완성된다.

그러면 기다림도 끝나는 것일까. 기다림은 새로운 시작일 뿐 끝은 아니다. 겨울이 지나고 봄이 오면 누군가로부터 떨어져 나온 추억의 씨앗들은 저마다 새로운 생명으로 피어날 것이다. 강렬한 삶의 욕구로 태양을 향해 다시 타오르다 가을이 오면 삶이란 차가운 대지 위에서 추억을 회상하며 완성을 기다린다는 것을 깨닫게 되리라.

그래서일까. 나는 가을의 길목에 서서 마지막 정열로 한껏 타오르는 해바라기가 좋다. 여름과 가을 내내 정열로 꽃피웠던 해바라기는 지상에서 소멸되겠지만, 지난 추억을 간직한 씨앗들은 어디선가 새봄을 기다린다. 그리고 새로운 땅 새로운 태양 아래서 그 열정적인 꽃을 피운다. 삶은 그렇게 추억을 딛고 서서 다시 추억을 만들며 지상에서 계속될 것이다. 나 또한 이 지상에서 지고 나면 다음 세상 또 어딘가에서 잎을 틔우고 꽃을 피워서 다시 태양을 바라보게 될까….

이 가을, 해바라기꽃을 보며 내 인생의 가을을 반추해 본다.

가슴이 따뜻한 지도자

겨울 허수아비

고양이는 썰매를 끌지 않는다

무한자유와 고양이의 냉정한 규칙

별을 삽니다

지상에서의 아름다운 비행

욕망이라는 이름의 전차

존엄사를 생각함

플래시 몹

피안彼岸으로 간 메뚜기

가슴이 따뜻한 지도자

서울행 고속버스에서 겪은 일이다. 차 안에 고객을 위해 설치된 티브이가 그렇게 사람을 고문할 수도 있다는 것을 처음 알았다. 상영되는 영화가 언제나 내 정서에 맞는 것은 아니었지만 그날은 유독 심했던 것 같다. 지속적으로 이어지는 잔인한 장면들과 비명소리. 눈을 감아도 귀를 막아도 소용이 없었다. TV를 끄든지 영화를 바꿔 달라고 할까 몇 번을 망설였지만 다른 사람들의 의중을 몰랐던 터라 참을 수밖에 없었다.

그러다가 곰곰 생각해보니 어디 그런 상황이 차 안에서 뿐일까 싶었다. 우리 주변 어디에서도 폭력적 행동은 부지불식간에 벌어지고 있지 않던가. 극단적으로는 자신의 의사와 조금만 맞지 않아도 도로를 점령한 채 욕설과 폭력을 쏟아내는 광경을 우리는 쉽게 접할 수 있다. 매일처럼 거리와 뉴스 화면에서 보여지는 거친 몸싸움은 내가 이 땅에 사는 한 보지 않으려 해도 안 볼 수가 없다. 물론 행동당사자들의 요구가 정당할 때도 있다. 하지만 문제란, 내용이 아니라 방법일 것이다.

어쩌다 여기까지 왔고 이 지경이 되었을까. 사회학자들의 입을 빌리면 80년대 군부독재에 맞서 민주화운동을 했던 그 에너지가 민주화가 달성한 뒤에도 소멸되지 않고 사회 각 방면으로 퍼져나갔기 때문이라 한다. 그렇다면 당시 민주화에 공헌했던 사람들이 현재 나라의 운영권을 쥐고 있으니 저 같은 파상적인 에너지를 보다 발전적인 방향으로 모으면 될 일이 아닐까. 누구나 한 번쯤은 가져보기를 희구하는 이 권력을 효율적으로 운용하여 적절하고도 바람직한 방향으로 풀어 가는 것 말이다.

일본의 도요토미 히데요시는 무사 집단들의 힘으로 국가를 통일한 후 그들의 에너지가 결국은 국가를 분열하게 될 것을 알고 그것을 밖으로 돌렸다 한다. 그 에너지의 바깥을 향한 분출이 우리 역사에 엄청난 고난을 주었던 임진왜란이다. 여느 역사서를 보더라도 모든 국가는 지도자의 위업을 달성하고 나면 그 다음으로 내분을 수습하였다. 그런 연후에야 또 다른 명분을 만들어 에너지를 밖으로 돌리게 했던 것이다. 내분을 일으킬 만한 에너지의 집합을 사전에 봉쇄하기에는 그 방법이 최선이었기 때문이리라.

그러나 현대국가는 그것이 불가능하기에 대신 여러 에너지를 국가 내적인 곳으로 집중시켜야 한다고 한다. 요행히 서구 유럽의 열강들은 그런 에너지의 집합을 유효하고 적절하게 운용을 해왔다고 할까. 그러나 우리의 현실은 아무리 긍정적으로 보려 해도 아름답고 따뜻한 포용의 사회로 진행되기는 가까운 시일 내엔 요원한 것 같아 안타깝다. 결국 국민들은 피할 수 없는 공간에서 원치 않는 상황을 계속 지켜봐야만 하는 정신적 고문을 견뎌내야 한다는 결론이다.

그러다 보니 우리 민족의 심성이 점점 거칠어지고 있는 것 같다. 누구라도 목소리를 높이고 밀어붙이기만 하면 상대를 제압하고 원하는 것을 얻을 수 있다고 은연중에 믿고 있다. 한때 동방예의지국으로 불릴 만큼 사람 사는 법도에 깍듯했던 우리가 언젠가부터 거칠고 폭력적인 행동도 서슴지 않게 된 것이다.

쓴소리 한번 없이 일상의 삶을 영위하는 소시민들. 그들은 선의의 피해자다. 정작 소름끼치는 사회적 범죄와 폭력적 시위에 진절머리를 내면서도 세계인의 눈앞에선 공동정범의 누명을 벗지 못하니 말이다. 버스에 갇혀 보기 싫은 끔찍한 영화를 아무 항의조차 못하고 끝까지 눈감고 이겨내야 하는 이 잘못된 상황들을 어떻게 설명해야 할까.

버스 안에서 채널의 조종자는 버스기사다. 그가 만화영화를 틀면 승객은 어린애가 될 것이고, 로맨스 영화를 보여주면 로맨티스트가 될 것이다. 뿐만 아니라 갱스터 영화를 틀면 승객들은 순간 갱의 심성에 젖어들게 된다. 비록 찰나지만 사람들의 심성을 마음대로 조정할 수 있는 권한이 절대적으로 버스기사에게 주어진 것이다. 국가도 마찬가지가 아닐까. '국가'란 버스를 운행하는 지도자의 권한에 맞춰 승객이 된 국민들은 자신의 권리 주장 한번 제대로 못한 채 억울함과 분통을 억누르며 살아야 하지 않는가.

점점 황폐해져 가는 민중의 어려움을 해결해 줄 수 있는 권한은 오로지 국가를 운영하는 한 사람이 쥐고 있다. 국민들에게 갱스터무비가 아니라 아름다운 로맨스무비나, 역동적이고 진취적인 〈마이웨이〉 같은 영화를 보여 줄 사람, 우리는 진정 그런 지도자를 원한다. 그런 영화를 보여줄 만큼 멋들어진 인물은 정녕 없는 걸까.

잠시 생각해 본다. 우리가 언제 존경할 만한 지도자를 가져 보았던가를. 삿대질을 하며 멱살을 잡고 자기네가 주인이라고 큰소리치는 사람들은 많지만 그것이 얼마나 국민들의 가슴에 대못질을 하고 상처 주는 일인가를.

비명소리와 신음소리가 뒤범벅이 된 화면을 보며 고통스러워하는 승객의 속마음까지 살펴 안온하고 평화로운 위안을 심어 줄 수 있는 사람. 상처 받은 자의 눈물을 닦아주며 등 두드려주는 사람. 그같이 가슴이 따스한 지도자를 바라기엔 아직도 우리는 시기상조일까.

겨울 허수아비

어느새 농촌엔 가을걷이가 끝났다. 지난여름은 유난히 더웠고 들판에 푸른 물결로 일렁이던 벼들은 싱그러웠다. 가을로 접어들며 벼는 어린 왕자의 머리칼처럼 노란 빛으로 변하나 싶더니 지금은 벼 밑동만 남긴 채 찬바람이 흩어진 볏짚을 쓸어간다. 빈 들판 사이를 가로지르며 국도를 달리는 차들은 지나간 계절을 추억하지 않는 듯 빠르게 달린다.

초겨울 산행 길에 나섰다. 텅 비어 있는 들녘이 좀 허전하게 느껴졌다. 그런데 차가 멈춰 섰을 때 눈에 들어온 허수아비 하나. 나도 모르게 눈을 크게 떴다. 겨울 들판에 허수아비라니!

허수아비는 비스듬히 기울어져 있었다. 허수아비 옷이야 원래부터 남루하지만, 찢어져 바람에 나풀거리는 모습은 보기에도 민망했다. 얼굴은 반쯤 돌아가 있고 매직으로 그린 듯한 커다란 눈망울만 회색 빛 하늘을 멍하니 바라본다. 무얼 응시하는 것일까. 가을 내내 찾아와 떠들어대던 참새가 그리운 걸까. 아니면 들판을 황금빛으로 구워내던 찬란한 태양이 그리운 걸까.

이제는 태양도 식어가고 참새도 떠났다. 버릇없이 팔과 수염으로 튀어 오르던 메뚜기도 자취를 감췄다. 머리 꼭대기에서 맴돌며 장난치던 잠자리도 어디론가 사라져 버렸다. 삭풍 속에 내팽개쳐진 허수아비는 찬란하던 여름과, 풍성하게 익어가던 황금빛 물결들을 회상하며 생의 마지막을 우울하게 반추하고 있는지도 모른다.

산행에서 돌아온 며칠 후였다. TV에서 치매 걸린 아내를 숨지게 한 뒤 스스로 목숨을 끊은 아흔두 살 할아버지의 사연을 접하게 되었다. 함께 살아온 시간이 무려 78년. 열심히 살아왔지만 이제 사회에서 쓸모가 적어지고 버림받게 된 노부부는 그렇게 쓸쓸하게 생을 마감한 것이다. 그 순간 벌판에 홀로 서 있던 허수아비가 떠올랐다. 그렇게 마감되는 것이 인생이라면, 인간의 삶이 짚으로 만든 허수아비와 무엇이 다르겠는가.

경찰청 보고에 따르면, 예순 이상 된 노인 가운데 스스로 목숨을 끊은 이가 작년에 3천6백여 명이나 되었다 한다. 전체 자살자 중에 노인이 삼분지 일을 차지한다는 통계였다. 자립 능력도 없고 질환까지 앓는 노인들은 삶에 찌들대로 찌들어 자살의 유혹을 넘어서기 힘들 것이다.

효孝를 최고의 덕목으로 삼았던 우리의 윤리관은 사라진지 오래다. 병든 부모를 버리고 학대하는 일은 이제 비일비재하다. 악화된 경제난도 한몫 했다지만 그것은 상황을 불문하고 이유가 될 수 없다.

신라 흥덕왕興德王때 일이다. 손순孫順 부부는 흉년에 어머님께서 드시는 음식을 나이 어린 자식이 먹으려 들자 자식을 땅에 묻으려고 하였다. 땅을 파자 석종石鐘이 나와 종을 울렸다. 종소리는 임금님 귀에까지 들려 사연을 조사한 왕은 중국의 곽거와 같은 효자가 나타났다고 기뻐하며 멥쌀 50석을 하사한 기록이 있다. 또 충남 보령의 효자도孝子島에는, 100여 년 전 최순혁이라는 사람이 부친이 병으로 사경을 헤매고 있을 때 '사람 살을 먹어야 산다'는 길손의 말을 듣고 자신의 허벅지 살을 도려내어 아버지를 봉양했다고 해서 〈효자도〉로 불리게 됐다고 한다.

물론 세상은 많이 달라졌다. 예전과 같은 효 정신을 강요할 수도, 강요한다고 될 일도 아니다. 그래서 이시대의 노인을 '샌드위치세대'라든가. 부모님께 효를 실천한 마지막 세대이고, 자식들에게 효를 받지 못하는 첫 세대라고 한다. 이러한 문제의 원인은 우리의 가치관이 서구화되면서 자기중심적으로 변하고 있는 데도 사회복지 수준은 서구의 수준을 전혀 따라가고 있지 못하다는 데에 있다 할 것이다.

지금의 노인들은 일제강점기 때 태어나 고난과 가난을 딛고 일어서 오늘이 있게 한 역군들이다. 그들은 나이 들면 자식들에게 의지하겠다는 기대 하나로 자식을 위해 모든 걸 희생해왔다. 하나 핵가족과 개인주의로 인해 대접을 제대로 받지 못한 채 겨울 허수아비처럼 쓸쓸히 노후를 보내고 있는 것이다. 노인은 우리에게 무엇이며 어떤 모습으로 살고 있는가? 젊은이들은 먼 훗날 노인이 되지 않을 것인가?

어느 나라든 노인복지를 해결하지 못한 나라는 선진국이라고 할 수 없을 것이다. 사회를 지탱해 온 중추세력이 뒷전으로 물러앉을 때, 그 앉을 자리가 찬바람이 부는 겨울 들판이라면, 그래서 사회로부터 잊혀지고 기억으로부터 멀어지는 곳이라면 인간이 짚단으로 만든 허수아비와 무엇이 다른가.

들녘을 지날 때 유심히 바라본다. 그곳에 버려지고 잊혀진 채 서 있는 허수아비는 없는지. 그리고 생각해 본다. 우리도 겨울 들판의 허수아비가 되지나 않을는지-.

고양이는 썰매를 끌지 않는다

두 달 전쯤이다. 마당을 가로질러 낯선 고양이 한 마리가 건너다니는 게 눈에 띄었다. 그냥 지나치는 놈이라면 한두 번 보이다가 말았을 텐데 몇 번이나 계속되기에 이상하다 싶어 녀석의 뒤를 밟았다. 그런데 뒷마당 창고 안으로 들어가는 게 아닌가. 자세히 보니 배 아래쪽이 불룩한 게 새끼를 밴 것이 분명했다. 녀석은 우리 집의 허락도 받지 않고 산실을 마련한 것이다.

도둑고양이라고는 하지만 엄연히 내 집의 손님이다. 더구나 배 안에 새끼를 갖고 있지 않은가. 나는 그림자처럼 숨어 들어온 고양이에게, 우리 집 누렁이와 똑같이 먹이를 챙겨 주었다. 처음 내가 음식을 가지고 다가갔을 땐 경계하던 녀석이 사흘이 지나자 당연한 듯이 먹을 것 앞으로 다가왔다.

밤낮으로 쥐를 잡거나 쓰레기통을 뒤졌을 게 뻔한 녀석이 하루아침에 신데렐라가 된 것이다. 먹이를 찾느라 이곳저곳을 기웃거리던 것도 잊고 편히 누운 채 가끔씩 졸기도 하면서 먹이를 주는 대로 넙죽넙죽 받아먹었다. 어디 그뿐인가. 밥 주는 시간이 늦어지기라도 하면 현관 앞까지 나와서 재촉하는 걸 보면 정말 가관이었다. 잽싼 걸음걸이는 둔해졌고 때로는 아부하는 몸짓도 마다하지 않았다. 눈빛에선 적의와 긴장이 사라져 갔다. 아주 빠르게 집고양이로 적응해 가는 듯했고, 우리 가족의 고양이에 대한 애정도 깊어 갔다.

얼마 지나 고양이는 새끼 다섯 마리를 낳았다. 고물거리며 어미 젖을 파고드는 새끼는 너무 귀여웠다. 나의 오랜 집지기인 누렁이에게는 한 번도 줘 본 적이 없는 돼지살코기에 따뜻한 우유까지 챙겨 주었다.

그러던 어느 날 오후였다. 어미고양이가 쥐 한 마리를 생포해 놓고 놀리고 있었다. 생쥐가 움직이는 기척만 보이면 어미는 위협을 하였고 새끼들도 소리를 내며 겁주는 시늉을 하곤 했다. 나는 처음에 그 장면을 재미있게 보았는데 시간이 흐르자 화가 치밀었다. 새끼에게 야생에서 살아가는 방법을 가르치고 있는 게 아닌가.

지금껏 정성껏 돌봐 주었건만 이제 떠날 준비를 한다고 생각하니 괘씸한 생각이 들었다. 내 집에서 보살핌을 받으며 편안하게 지낼 수 있건만 그것을 마다하다니! 게다가 내놓고 나를 주인으로 인정하는 걸 거부하기 시작했다. 먹이를 가져다 주면 숨기에 바쁘고 어쩌다 눈이라도 마주치면 쉭! 공격적인 소리까지 내며 경계했다. 나는 마음을 비우기로 했다. 결코 야성을 버리지 않는다는 고양이를 길들이기보다는 이해하려는 쪽으로 생각을 바꾸게 된 것이다.

이집트의 기록에 의하면 고양이는 약 4500년 전부터 인간과 함께 살기 시작했다. 중국에서는 당대부터 궁중에서 애완용으로 길러졌으며, 우리나라는 불교가 전래될 때 경전을 쥐로부터 보호하기 위하여 들여왔다는 설이 있다. 개와 함께 인간의 오랜 친구인 고양이는 개와는 달리 야성의 본능으로 살아간다.

서양 민담에 "고양이는 개보다 똑똑하다. 어느 누구도 고양이 여덟 마리를 묶어서 썰매를 끌게 할 수는 없다."라고 했다. 개는 조금만 길들이면 주인에게 충성을 다한다. 단체의 위계질서를 세워 무리 생활도 잘한다. 그러나 고양이는 누구에게도 충성하지 않는다. 오로지 이기적 의지에 따라 행동할 뿐이다. 무리를 짓지도 않는다. 놀 때나 싸울 때 혹은 쥐를 잡을 때에도 잘 관찰해 보면 공격적이고 이기적이기는 하나 창의적이다.

그래서일까? 고양이는 이 시대 문화의 또 다른 키워드로 표현되기도 한다. 책은 물론 연극, 영화의 다양한 문화 장르에서 고양이는 오늘의 세대를 이해하는 중요한 모티브가 된다. 뮤지컬 〈캣츠〉가 지구촌을 휩쓴 일이 있었다. 만화 영화 〈톰과 제리〉는 강력한 문화 캐릭터 중의 하나다. ≪고양이의, 고양이에 의한, 고양이를 위한≫ 소설은 서술 방식이 사뭇 독창적이라 상식이 파괴되거나 무시되는 점이 고양이와 닮아 있다는 생각마저 든다.

21세기의 특성은 무한자유와 독창성에 모아진다. 이것이 바로 고양이의 특성이다. 이 시대의 젊은이들은 타성에 젖은 굴레를 싫어하고 제약이 많은 질서를 싫어한다. 간섭하기도 간섭받기도 싫어 자유만을 갈망한다. 얼핏 보면 무질서하고 위험해 보이지만, 그 속에 이 시대를 이끌어 가는 에너지와 질서가 숨 쉬고 있다. 이것은 기성세대가 잃어버렸던 생존의 또 다른 화두가 아니겠는가. 20세기가 썰매 끄는 개처럼 질서와 협동 그리고 순종을 강요한 시대였다면, 21세기는 고양이처럼 자유와 개성이 존중되는 시대라고나 할까.

내 집에 머물던 고양이는 새끼들이 독립할 만큼 자라자 훌쩍 떠나가 버렸다. 떠돌이생활이 거칠고 힘들겠지만 그 무엇보다도 소중한 자유를 찾아 떠난 것이다. 녀석은 굴종하는 편한 삶을 버리고 외롭고 거친 자유를 택한 것이다.

이 시대의 젊은이들은 기성세대가 만든 질서와 울타리를 싫어한다. 우리가 걱정스런 몸짓으로 그들을 가두려 하면 해일처럼 더 높은 반항의 몸짓을 보인다. 21세기는 어차피 그들의 것이다. 그들이 만들어 가는 새로운 질서에 동참하거나 지켜보는 것이 우리들의 몫일 터. 더 이상 고양이의 야성을 탓하지 말자. 지금까지도 고양이는 잘 살아오지 않았는가.

무한자유와 고양이의 냉정한 규칙

얼마 전 인디밴드 '카우치' 멤버들이 공중파 방송에서 고의적으로 하반신을 노출한 사건이 한동안 뉴스거리가 되었다. 방송사의 게시판은 네티즌들이 올린 분노의 목소리로 시끄러웠고, 결국 철없고 방약무인한 이들의 행동은 사법처리되고 말았다. 한여름 밤의 해프닝으로 일단락되었지만, 내 개인적인 소회는 씁쓸하기만 하다.

나는 〈고양이는 썰매를 끌지 않는다〉는 수필에서 이 시대 젊은이들의 무한자유와 개성적인 창의력에 박수를 보냈었다. 그들이 가진 자유분방함과 독립적인 사고와 행동들이 21세기의 새로운 사회를 만들어 가는 원동력이라는 걸 의심치 않았던 것이다. 다소 이기적인 면과 자칫 일탈로 내몰릴 수 있는 위태함을 느끼지 않았던 것은 아니나 무모함보다는, 그들 속에 잠

재된 고양이처럼 냉정한 균형감각을 믿었던 것이다.

인간의 눈으로 볼 때 고양이는 늘 경계에 서 있는 동물이다. 그것도 아주 위태롭게. 그러나 한 번도 이쪽이나 저쪽으로 과도하게 쓰러지는 실수를 범하지 않는다. 그런 점에선 아주 완벽하다. 고양이는 무한의 자유를 만끽하지만, 야생이든 애완이든 스스로 정한 규칙을 철저하게 지킨다고 한다. 그러지 않고서는 생존할 수가 없기 때문이다. 그것이 바로 고양이의 매력일 것이다.

인터넷으로 알게 된 고양이의 특성 몇 가지.

고양이는 야행성이다.

집고양이라 할지라도 밤 열 시가 넘으면 야행의 습성이 살아난다. 가둬 두면 창이나 방문을 긁으며 밖으로 나가려 하는 것도 그 때문이다. 밖으로 나도는 고양이들은 일정한 시간, 한 장소에 무슨 집회라도 하듯이 모여 있다. 나 역시 그런 광경을 몇 번 본 적 있는데 그것은 인간의 집회와 재판을 연상시켰다.

또 고양이는 환경이 맞지 않으면 떠나 버린다.

환경이 지나치게 보호적이거나 위험요소가 있을 때는 떠나고 만다. 그리고 한번 야생으로 돌아간 고양이는 집고양이로 환원시키기는 힘들다고 한다. 어쩌면 밤에 그놈들이 모여 집회를 여는 것은 스스로가 떠나야 하는지, 좀 더 기다려야 하는지, 그리고 떠난다면 어디가 좋을지에 대해 수시로 정보를 주고받는 것은 아닐지 모르겠다.

그리고 재미있는 것은 개보다 고양이가 귀소본능이 더 강하다는 것이다. 아무리 먼 곳으로 데려가 던져놓아도 시간이 얼마나 걸리든 반드시 살던 곳으로 돌아온다 했다. 다만 개는 주인이 그리워 돌아오지만 고양이는 자신의 쾌적했던 보금자리를 못 잊어 돌아온다고 한다.

고양이는, 이 시대의 젊은이들을 읽는 코드로서도 관심의 대상이 된다. 고양이를 키워드로 한 책이나 영화, 연극 등이 붐을 이루는 것도 그래서일 것이다. 그놈들이 가진 결코 길들여지지 않는 독립성과 야생성, 그 무한자유를 바탕으로 일구어내는 독특한 창의성 같은 것 때문이리라. 그러나 아무리 젊은이들의 무한자유를 인정한다 해도 잘못된 일탈마저 용납할 사회는 없다.

인디밴드 '카우치'의 경우가 모든 젊은이들의 문제는 분명 아니다. 그들은 잘못된 예외일 뿐이다. 하지만 그런 잘못된 예외들이 용납되기 시작한다면 아슬아슬한 경계를 걷고 있는 이 시대 젊은이들의 생존도 위태로워지고 만다. 당장 '카우치'의 해프닝으로 꿈의 공중파 무대를 기다리던 수많은 인디밴드들이 좌절하지 않았는가.

인간의 사회든 고양이의 사회든, 하다못해 미물인 곤충의 세상에도 생존을 위한 그들의 냉엄한 규칙이 존재하는 법.

21세기를 이끌어 갈 이 땅의 젊은이들은 고양이의 개성과 창의성을 관찰하되, 고양이가 그들만의 무한자유를 누리는 대가로 지불하는 엄격한 규칙준수의 노력도 함께 보여주어야 하지 않을까.

별을 삽니다

새로 찍어낸 만 원권 지폐에는 혼천의渾天儀를 배경으로 작지만 선명한 별자리가 새겨져 있다. 그것은 다름 아닌 밤하늘의 별자리를 펼쳐놓은 조선시대의 천문도 〈천상열차분야지도天象列次分野之圖〉다.

돈에 별자리를 넣었다는 것이 많은 생각을 떠올리게 한다. 그러고 보니 별은 금전만큼이나 인간의 삶에 많은 영향을 주어 왔다. 밤하늘에 무수히 반짝이는 별들은 자체의 신비성으로 인해 고대로부터 숭배의 대상이 되었으며, 원시부족들은 별에다 신성神性을 불어넣기까지 했다. 뿐만 아니라 희랍 시대에 이르러서는 형태에 걸맞은 전설로 살아났다. 우리나라에서도 〈견우와 직녀〉같은 민담이 꿈과 사랑의 징표처럼 되어 있지 않은가.

그러나 근래 들어 과학이 발달하면서 별의 신비도 많이 벗겨졌다. 운행궤도와 생성소멸의 원리는 물론 수억 광년이나 떨어진 별의 움직임까지 과학의 힘으로 포착해내고 있다니 이제는 달 속의 옥토끼 이야기는 상상의 세계에서 뛰쳐나오고 말았다. 하지만 아직도 사람들은 별의 신비감을 떨쳐버리지 못한다. 과학이 뭐라고 밝혀내건 밤하늘의 별을 보면서 천칭과 전갈과 물병자리에 얽힌 이야기를 떠올리며 나름대로의 운명을 점쳐내기까지 하는 것이다. 때로는 자신의 별자리를 찾아보기도 하고 밤하늘을 비껴 떨어지는 유성을 보면서 누군가의 슬픈 죽음을 예감하기도 한다.

시인은 별을 이야기하고 음악가는 별을 노래하고 화가는 별자리의 전설을 그려낸다. 그것은 별이 주는 의미가 사랑과 희망 같은 의미로 가득하며 돈이 삶의 전부라도 되는 양 자본주의 사회를 살아가는 인간에게 정신적 지주가 되어주기 때문일 것이다.

언제부턴가 인간은 돈으로부터 자유로울 수 없게 되었다. 대부분 농사를 짓고 살았던 우리네 어른들은 하늘에 복을 빌고 땅에 정성을 들여 소출한 수확물을 나눠먹으며 돈과는 무관하게 살아오지 않았던가. 그러나 이제는 너나없이 누구라도 돈에 대해서만큼은 자유롭지 못하다. 먹고사는 생존의 수단이 돈에 매달린 때문이며 돈의 부피에 따라 삶의 질 또한 달라져버린 만큼 돈에 집착할 수밖에 없는 사회구조가 되고 만 것이다.

사람들은 오직 돈 버는 일에만 모든 집념과 에너지를 쏟아붓는다. 그런데 아이러니한 것은 돈이 많다 하여 그 크기만큼 행복하지만은 않는 것 같다. 꿈이나 희망 그리고 사랑은 나눌수록 커지지만, 돈이란 집착하면 할수록 자신의 주변을 외롭게 만들었다. 돈에 혈안이 되어 있는 동안에는 가깝던 사람들도 멀어지게 되고 자신만의 토굴을 파고 인생의 깊은 곳 진리를 찾기보다 놓쳐버리기 십상이었다. 그리고는 삶의 막판에 닿아서야 돈으로 살 수 있는 것들이 때론 얼마나 허망한 것들인지 깨닫기도 하는 것이다.

언젠가 읽었던 중국 속담에 이런 말이 있었다.

돈으로 집을 살 수는 있지만 돈으로 가정은 살 수 없다.
돈으로 시계는 살 수 있지만 돈으로 시간은 살 수 없다
돈으로 침대는 살 수 있지만 돈으로 잠을 살 수는 없다.
돈으로 책은 살 수 있지만 돈으로 지식은 살 수 없다.

요즘 세상에 자본주의의 속성은 인문학과는 서로 대척점에 놓여 있는 듯하다. 그것은 상호배타적 관계이며 서로 섞일 수 없는 물과 기름으로 보여졌다. 그런데 자본주의 상징인 돈과, 인문학을 풍요롭게 하던 별자리가 만 원짜리 신권에 자연스레 동거하게 된 것이다.

현실적으로 감성의 우위에 서려고만 했던 돈이 드디어 인간

의 꿈과 사랑마저도 자연스럽게 만나고 있는 것인지, 아니면 초현실적 정서로 대변되는 별이 자본주의를 정복하고 감복시킨 것인지…. 나는 이렇게 믿고 싶다. 돈에다 별을 그려 넣음으로써 서정을 불러들여 인간세상의 정신적 갈등을 삭히는 샘물의 역할을 하기 위함이라고.

한 가지는 분명해진다. 자식이나 손자들 손에 용돈을 쥐어주면서 별자리의 이야기도 함께 전해줄 수 있다는 것.

이제 잃어버렸던 별자리의 전설이 다시 살아나고 있다. 너도 나도 돈을 주고서라도 별을 사자. 아니, 꿈과 희망과 사랑을 사서 떡 나누어 주듯 사람들에게 나누어 줄 수만 있다면 그보다 좋은 일이 어디 있을까.

지상에서의 아름다운 비행

해외토픽에서 감동적인 기사 하나를 발견했다. 독일의 생물학자 몰렉Moulec 부부가 멸종 위기의 흰머리쇠기러기를 이끌고 노르웨이에서 독일까지 함께 비행했다는 내용이다. 그들은 영화 〈아름다운 비행〉에서 영감을 얻어 8년째 그 비행을 계속하고 있다는 것이었다.

나는 오래 전에 보았던 〈아름다운 비행〉을 다시 보았다. 그 영화가 끝났을 때 가슴 깊은 곳으로부터 파문이 일었다.

이혼한 엄마와 둘이 살던 에이미는 엄마를 잃은 후 아빠와 함께 살게 된다. 어느 날 개발로 숲이 망가져버린 늪 주위를 거닐다가 어미 없이 버려진 기러기 알을 발견한다. 집으로 옮겨진 알들은 따뜻한 보살핌 속에서 부화하여 가장 먼저 본 대상인 에이미를 어미로 알고 따른다. 엄마가 없다는 점에서 기러기에게 동병상련을 느낀 소녀는 정성껏 보살핀다. 그러던 어느 날, 야생조류를 키우는 것은 불법이라는 경관의 말에 자연으로 날려 보내기 위해 아빠와 함께 나는 법을 가르친다. 아빠는 딸의 체구에 맞는 소형 비행기를 만들어 훈련시키고, 드디어 16마리의 철새와 함께 경비행기를 타고 남쪽으로 비행하게 된다. 초록의 들판을 지나고 산을 넘고 놀을 가르며 때로는 도심의 빌딩 숲을 스치는 이들의 비행은 인상적이었다.

엄마 잃은 에이미가 어미 잃은 기러기들을 돌보며 정신적으로 성장해가는 모습은 더할 나위 없이 감동적이었다. 그 과정에서 아빠와 자신이 가진 서로의 상처를 이해하며 사랑을 회복해가는 과정을 보면서 나는 이 땅에 부모 없이 살아가는 어린 가장들을 떠올리지 않을 수 없었다. 어찌 그들뿐일까. 삶의 황혼을 버려진 채 혼자 사는 노인들, 차디찬 거리에서 노숙하는 사람들 등 외로운 사람은 너무도 많다.

외로움이란 무엇일까. 환경에 따라 그 느낌은 각기 다를 것이다. 그러나 가장 소중한 것을 상실했을 때 느끼는 외로움이 가장 큰 것이 아니겠는가.

에이미에게 십여 년 만에 만난 아빠와의 교감은 힘들 수밖에 없었다. 상처를 가진 두 사람에게 삶의 진정성을 눈뜨게 해준 것은 아이러니하게도 새끼 기러기들이었다. 아버지와 딸은 기러기에게 나는 법을 가르치는 과정 속에서 세상을 함께 살아가며 사랑하는 법을 터득하게 된 것이다.

생각해보면 소녀소년 가장이나 독거노인들만 외로운 것은 아니다. 우리들도 삶의 진실한 의미를 깨닫지 못한다는 점에서 고독한 사람들이다. 다만 하루하루 세파에 쫓기면서 그것을 깨닫지 못하고 있을 뿐이다. 하지만 어느 순간 인생에 대한 깊은 회의를 느낄 때 우리는 이유를 알 수 없는 외로움에 진저리치곤 하지 않던가.

어미 잃은 기러기가 황폐한 세상에 던져졌듯이 세상은 우리 모두 앞에 거친 자연을 던져 주었다. 그 거친 자연 속에서 살아남기에 바빠 진정한 삶의 의미에 대해서는 깨닫지 조차 못한다. 그리고 어느 날 느닷없이 우리 인생은 모두 허비되고 만 시점에 와서야 삶의 의미를 깨닫게 되는 것이다.

영화 〈아름다운 비행〉은 홀로 하는 비행이 아니라 함께하는 비행이었기에 '아름다웠던' 것이리라. 우리 역시 신이 던진 원초적인 외로움은 외롭게 홀로 살라는 뜻이 아니라 함께 외로움을 극복하며 깨달으라는 가르침일 것이다.

이 영화의 주제가를 불렀던 '메리 채핀 카펜터'는 새로 발표한 음반에서 이렇게 노래한다.

"우리의 삶을 위대한 미지로부터의 선물이라고 생각하라. 우리의 임무는 그것을 받아들이는 것이다."

전적으로 공감한다. 우리의 삶은 위대한 미지로부터의 주어진 값진 선물이기에 반드시 함께 열어보아야 하는 것이다. 혼자 독차지하겠다고 마음먹는 순간부터 그것은 결코 선물이 될 수 없고 소유하지도 못할 것이다. 이유는 함께여야만 받을 수 있는 '이해와 사랑'이라는 두 개의 날개이기 때문이다. 그렇게 할 때 우리는 먼 훗날 지상에서 진정 '아름다운 비행'이었다고 말할 수 있으리라.

욕망이라는 이름의 전차

인터넷에서 글 한 편을 읽었다. 남편을 살 수 있다는 가게 이야기. 막 개업한 가게입구에는 이러한 안내문이 적혀 있었다.

"이 가게는 6층까지 있으며, 한 층씩 올라갈수록 남편의 주가가 올라갑니다. 어느 층에서건 마음에 드는 남편을 정할 수 있으며 위층으로 올라갈 수도 있지만, 절대로 왔던 층으로 다시 내려갈 수는 없습니다."

그리고 층마다에는 자세한 안내문이 있었다.

1층 : 여기 남편들은 직업을 가지고 있음.

2층 : 여기 남편들은 직업도 있고 아이들을 사랑함.

3층 : 여기 남편들은 직업도 있고 아이들을 사랑함.

4층 : 여기 남편들은 직업도 있고 아이들도 사랑하고 아주 잘생기고 집안일도 잘 도와줌.

쇼핑을 하던 여자는 환호를 질렀다.

“어머나, 세상에 이럴 수가!”

올라갈수록 조건이 좋아진다니 드디어 5층으로 향했다. 그녀는 5층의 조건이 너무 마음에 들었지만 생각할 겨를도 없이 6층으로 올라갔다. 그러나 그곳은 텅 비어 있었고 안내문엔 이렇게 쓰여 있었다.

6층 : 당신은 14,673,001번째 손님입니다. 이곳에는 남편이 없으며 당신은 되돌아갈 수 없습니다. 앞에 보이는 출구를 따라 빠르게 나가주시기 바랍니다.

가볍게 웃고 넘길 이야기가 아니다. 인간이 가진 욕망은 어디까지인가. 최근 어느 여교수의 가짜학위 파문으로 사회 전체가 떠들썩한 모습을 보면서 나는 위의 글이 인간의 깊숙한 곳에 꿈틀거리는 욕망의 추한 모습을 날카롭게 풍자한 글이라는 생각이 들었다.

가짜학위 파문은 우리 사회가 가지고 있는 부조리와 개인이 가지고 있는 끝 모를 욕망이 상충相沖되어 빚어낸 한 편의 슬픈 코미디였다. 문제의 여교수는 미술계에선 꽤나 능력이 출중하다는 얘기도 있었고, 당찬 기획력으로 사람들을 놀라게도 했으며, 학생들에게는 인기 또한 있었던 걸로 알려져 있다. 실력이 있어도 학위가 없으면 소용없는 학벌위주 사회는 분명 문제가 있다. 그러나 아무리 실력이 출중하더라도 정정당당하게 부딪치든지 아니면 열심히 노력해 사회가 요구하는 자격을 갖추는 게 순리가 아니었을까. 자신의 욕망을 충족시키기 위해 학위를 위조하는 것은 결코 용서받지 못할 일이다.

그녀는 과연 자신의 가짜학위나 약력이 끝까지 들키지 않고 갈 거라고 믿었을까. 아닐 것이다. 그런데도 그녀가 눈앞의 욕망에 매달려 살얼음판 걷는 길을 택한 것이라면 너무도 무모하다. 한순간에 물거품이 되어 절망의 나락으로 빠질 줄 알면서 그 길을 택하는 인간의 욕망이란 얼마나 어리석고 무서운 것인가.

오래 전에 읽었던 소설 ≪욕망이라는 이름의 전차≫를 음미해보았다. 미국 남부 항구도시 뉴올리언즈의 빈민가. 이곳에 기품 있는 여자 블랑쉬가 찾아든다. 그녀의 손에는 이곳을 찾아오는 데 필요한 교통 안내 메모가 들려 있었다.

> '욕망이라는 이름의 전차'를 타고 가다가 내려서 '공동묘지'로 가는 차를 갈아탄 다음 여섯 블록 못 미친 '천국'이라는 역에서 하차하시오.

'천국'이라고 쓰여 있지만 그녀가 내린 곳은 빈민가. 그런데도 작가는 그곳이 공동묘지 바로 못 미친 곳에 있는 '천국'이라고 했다. 왜 그랬을까?

비록 빈민가일시언정 그곳에는 하루 하루를 열심히 살아가는 사람들이 있었고, 주어진 환경을 원망하기보다 더 나은 미래를 위해 성실하게 살려는 사람들의 땀 냄새 배인 곳이었기 때문일 것이다. 블랑쉬가 화려했던 과거의 환상을 지우고, 욕망의 싹을 자르고, 그곳 사람들처럼 성실하게 살려고 했다면 그곳은 천국이 될 수도 있었을 터. 하지만 그녀는 자신의 허영심을 채우기 위해 매춘까지 하게 되고 결국엔 정신병원으로 가게 된다. 블랑쉬는 '욕망이라는 이름의 전차'를 타고 욕망을 적절히 제어하지 못해 천국을 지나쳐 공동묘지로 달리고 말았던 것이다.

과욕의 병. 나만을 채우려 하는 이기적인 병. 그것이야말로 인간을 치명적인 함정으로 몰고 가는 마음의 현대병이다. 돌아보면 인간의 역사는 욕망의 역사라고 해도 과언이 아니다. 21세기에 이르러 인간이 일구어낸 낸 문명은 바벨탑을 능가하는 빌딩과 밤이 낮보다 찬란한 도시를 일궈냈다. 그런데도 사람들은 별로 행복해 하지 않는다. 빌딩의 그늘에서 신음하는 낙오자들은 최소한의 것도 가지지 못해 불행해하며 소수의 주도자들은 더 가지지 못해 안달이다.

눈을 돌리면 세상은 열려 있고, 자연과 더불어 최소한의 것으로도 행복할 수 있다는 것을 알게 되지만, 그것을 아는 사람조차 도시의 욕망이라는 굴레를 벗어나지 못한다. 욕망을 포기한다는 것은 현대사회에서 낙오자가 되는 것으로 생각하기 때문이리라. 자신의 욕망만 자제할 수 있다면 덜 가져도 행복할 수 있건만. 경쟁사회에서는 자기 몫을 나누거나 양보하는 게 미덕이 아니라 못난이로 치부되어 버리기 십상이다.

"식초에 빠져 죽는 파리보다 꿀에 빠져 죽는 파리가 훨씬 많다."라는 어느 속담처럼 욕망의 유혹은 달콤하기만 하다. 그렇다. 자신의 몸이 나락으로 빠지는 것도 모를 정도로. 우리 모두는 달콤한 욕망이라는 전차를 타고 어디론가 달리고 있다. 지금 우리가 가고 있는 종착역이 어디인지는 전차를 세우고 내린 뒤에야 알겠지만 어쩌면 그때는 너무 늦을지 모른다. 돌아올 차표가 없다면 너무 멀리 가지 않는 것이 현명한 삶의 지혜가 아닐까.

존엄사를 생각함

최근 뇌사상태에 빠진 장애인 아들의 인공호흡기를 뽑아내 안락사 시킨 사건이 있었다. 그 일로 인해 요즘 한창 존엄사 허용에 대한 논란이 커지고 있다.

'안락사'란 연명 가능성이 높은 환자의 생명을 인위적으로 단축시키는 것을 말하며, '존엄사'란 소생 가능성이 희박한 환자에게 인공호흡기와 심폐소생술 같은 치료를 중단함으로써 품위 있는 죽음을 맞게 하기 위한 것이라 알려져 있다. 한 조사에 따르면 응답자의 90%가 존엄사를 찬성했다고 한다. 하여 본인이 의식불명일 때를 대비해 정해진 양식의 문서로 생명연장 치료를 거부할 뜻이 있다고 했다는 것이다.

현대는 스트레스와 서구식의 식습관으로 인해 암과 뇌졸중 환자가 급증하고 있다. 그러기에 존엄사의 문제는 바로, 나와 내 가족의 일이 될 수도 있기에 방관만 할 수 없게 된 것이다.

우리나라 헌법에 "모든 국민은 인간으로서의 존엄과 가치를 가지며, 행복을 추구할 권리를 가진다."라고 명시돼 있다. 그러기에 지금은 안락사에 대한 임시방편의 처빌보다는 품위 있는 죽음을 위한 근본적인 제도를 마련해야 할 때가 온 것 같다.

TV에서 그 아버지의 통한에 찬 눈물을 보았다. 이십여 년 동안 근육이 위축되는 유전성 불치병을 앓고 있는 두 아들을 돌보면서 자신의 건강을 돌보지 못했던 나머지, 자신마저 위 절제 수술을 받아야 하는 현실이 내 가슴을 아리게 했다. 그뿐만이 아니다. 궁핍을 견디다 못한 아내가 가출하여 운영하던 식당일마저 접어야 했다니 자식을 위해 자신을 기꺼이 바친 부정父情에 코끝이 더 찡했던 것이다.

그는 아들이 사망판정을 받은 상태여서 편안하게 보내주고 싶어 집으로 옮겼으며 그것이 죄가 될 줄은 몰랐다고 한다. 그런 그의 고통스런 표정을 보면서 내 얼굴이 후끈 달아올랐다. 어떤 의미에선 난 그보다 더 큰 죄인이 아니던가. 내 어머니에게 도저히 회생 가능성이 없다고 판단하여 심폐소생술을 하지 않았으니 말이다. 기계의 힘으로 생명을 연장해야 한다는 것이 얼마나 고통스러운 것인지를 미루어 짐작만 했으니…….

나는 존엄사 문제를 다룬 '추적 60분' TV 프로그램을 보면서 새로운 사실 하나를 알게 되었다. 만약 자신이 의식이 없어지고 소생할 가능성이 없다는 진단이 내려졌을 땐 '연명 치료를 하지 말라.'는 문서를 작성한 후 공증까지 받아 뒀다는 전직 의대 교수의 사연을 들은 것이다. 이름조차 생경한 사전의료지시서. 자신의 생명이라 하여 스스로 단축시키거나 연장할 수는 없을 것이다. 하지만 가족 친지에게 폐를 끼칠 정도는 아니어야 하지 않을까.

미국 등 선진국에선 환자 자신이 원치 않을 경우에는 환자가 죽음 직전에 이르렀다고 해도 의학적으로 불필요하다는 판정이 내려지면 심폐소생술 등의 의료 행위를 하지 않아도 된다는 법률이 마련돼 있다고 한다.

나도 그 노교수처럼 '생명을 연장시키는 치료는 거부하되, 통증완화 치료는 받겠다.' 란 간단한 공증이라도 사전에 해두고 싶다. 어차피 피하지 못할 죽음이라면 그것을 잘 마무리하는 것도 지혜일 테니 말이다. 죽음을 받아들일 준비를 미리 해 두는 것은 쉬운 일은 아니겠지만, 남은 가족들이 겪어야 할 갈등과 고통을 덜어 주는 하나의 방안은 되지 않을까 해서다.

플래시 몹

지난 2월 서울에서 있었던 일이다. 지하철 5호선 전동차 안에서 승객들을 깜짝 놀라게 하는 사건(?)이 벌어졌는데 이른바 '지하철 결혼식'이다. 전동차가 우장산역을 통과할 무렵 한 청년이 승객들을 향해 말문을 열었다.

"저는 고아로서, 형편이 어려워 처음 연인을 만난 5호선에서 결혼식을 올리려고 합니다. 누가 주례를 좀 서 주실 수 없겠습니까?"

어리둥절해하던 사람들은 곧 그 결혼식에 동화되었고, 박수로서 그들을 축하해 주었다. 나 역시 인터넷에 올려진 동영상을 보면서 가슴이 찡했다. 그런데 이튿날, 그 눈물의 결혼식이 의도된 상황극이었다는 사실을 알게 되면서 순간적으로 배신감마저 들었다. 그 동영상을 접한 사람들이라면 가난한 연인들의 순수하고 아름다운 사랑의 결실 앞에 진심으로 행복을 빌어주었을 텐데…. 아니나 다를까, 누리꾼들 사이에서도 논쟁이 벌어졌다. 사람을 속이는 것은 사기나 마찬가지라며 흥분하는 쪽과, 우리 사회의 어둡고 힘든 이들의 입장을 조금이라도 이해하게 되었고 순간이나마 가슴 훈훈했으니 좋은 일이라는 쪽으로 나뉜 것이다. 나는 후자 쪽의 손을 들어 주었다.

최근 들어 젊은이들 사이에 이런 돌발적인 깜짝 행위가 유행처럼 퍼지고 있다고 한다. '플래시 몹 flash mob'이라는 놀이로, 얼마 전에 TV에서 그것을 집중적으로 다룬 적이 있었다. 강남역 횡단보도 앞에서 단체로 모여 길을 건너는 행인들에게 "행복하세요! 건강하세요!"라고 외친 후 사라져 버리는가 하면, 명동 한복판에서 갑자기 모여든 젊은이들이 "외계인이다!" 하고 소리친 뒤 기절하는 척하기도 했다. 또 보도블록 위에서 떼를 지어 팔굽혀 펴기를 하다가 뿔뿔이 흩어지는 등….

이런 찰나적 퍼포먼스는 3년 전 뉴욕에서 처음 시작되었다 한다. 200여 명이 한 호텔 로비에 순식간에 모여 15초 동안 박수를 치다가 눈 깜짝할 사이에 사라지면서 인터넷을 통해 전세계에 알려졌고, 보스턴 · 샌프란시스코 등 미국 국내는 물론 유럽 전역으로 확산되었는데, 우리나라에도 그해에 상륙했다고 했다.

플래시 몹이란 인터넷 특정 사이트의 접속자가 급격히 증가

하는 '플래시 크라우드 flash crowd'와 뜻을 같이하는 군중을 일컫는 '스마트 몹 smart mob'을 합한 합성어라고 한다. 인터넷상에서 만난 사람들이 이메일이나 휴대폰 문자를 통해 사전에 공지된 지시에 따라 정해진 시간과 장소에 모여서 주어진 행동을 하고 곧바로 흩어지는 행위를 말한다.

세상이 많이 변하기는 했어도 그것은 형식상의 변화일 뿐이라는 생각이 들었다. 우리 어린 시절에도 그와 비슷한 놀이는 많이 있었다. 남의 집 초인종을 누르고 달아난다든가, 길가에 함정을 만들어 놓고 지나가는 사람의 낭패를 보면 웃고 달아난다든지, 또 걸어가는 행인의 등 뒤에다 "아저씨, 불러요!"라 말해놓고 행인이 돌아보면 배를 내밀고는 "내 배가 불러요!" 하고 큰소리로 웃으며 달아났었다. 이런 놀이는 불특정인을 대상으로 행해졌지만, 놀이를 즐기는 아이들은 물론 그것에 당하는 어른들조차도 허허 웃어주었던 것 같다.

지하철 결혼식을 두고 사기 당했다고 화를 내거나 젊은이들의 가벼운 '플래쉬 몹'을 보며 바쁜 세상에 할 일 없는 녀석들이라고 핀잔 주기 전에 그들을 이해하려는 마음을 가져보면 어떨까. 사람들을 깜짝 놀라게 하는 놀이는 일상의 무료함을 순간적으로 뒤집어 놓는 기발한 행위이다. 그냥 가벼운 놀이 문화의 하나일 뿐이므로 속았다고는 하지만 그것으로 인해 손해 본 사람도 없고, 사기라고 하지만 아무도 그 사기를 통해 이득을 본 것도 아니지 않는가.

호서대 연극학과 학생들이 전동차 안에서 벌인 퍼포먼스는 우리 사회의 어두운 면을 다시 한 번 일깨워 주었고, 소외된 사람들에 대한 따뜻한 마음을 순간이나마 가질 수 있게 해주었다. 엉뚱하다고 생각되는 '플래시 몹'도 그 비슷한 선상에서 이해할 수 있지 않을까. 회원들은 누구에게도 해를 끼치지 않는다. 다소 엉뚱하긴 하지만 잠시나마 현대인들의 긴장된 마음을 이완시켜 준다는 점에서 어찌 보면 이롭기까지 하다.

현대인의 삶은 긴장의 연속이다. 노년이든, 중년이든, 젊은이든, 심지어 초등학생들까지도 그 삶의 무게는 녹록지 않다. 비록 '단체로 사람 놀래주기' 놀이가 생산적인 일은 아닐지라도, 그것이 젊은이들이 스트레스를 풀기 위한 건전한 놀이의 하나라고 생각한다면 웃으며 받아들일 수도 있을 것 같다.

앞으로 '플래시 몹'은 단순한 오락에서 벗어나 참여하는 사람이나 구경하는 사람 모두에게 건강한 웃음을 선사할 것이라 한다. 아마도 즐거움을 주는 거리의 또 다른 퍼포먼스로 자리 잡을 모양이다. 그들의 새로운 놀이가 많은 사람들에게 청량한 웃음을 주는 행복한 거리문화로 자리 잡을 수만 있다면 얼마나 좋을까. 맑고 청아한 웃음이 그리운 시대 아닌가. 나이의 많고 적음을 떠나 가끔은 신세대들의 기발한 생각과 문화를 기꺼이 받아들일 때 우리의 삶은 한층 더 여유 있게 다가올 것 같다는 생각을 해본다.

피안彼岸으로 간 메뚜기

떨어뜨린 자동차 키를 주우려 허리를 굽히다가 나는 멈칫 그 상태 그대로 정지하고 말았다. 바싹 마른 메뚜기가 눈에 띄었던 것이다. 부러진 더듬이, 너덜너덜 갈라진 날개, 여섯 개의 다리 중 성한 것은 한 개뿐인, 메뚜기. 어쩌다 이렇게까지 되었을까.

손을 내밀어 메뚜기를 집으려 하자 바람이 휙 불어오더니 메뚜기를 쓸어가 버렸다. 마치 인간의 더러운 손으로 신성한 메뚜기에 손대지 말라는 신의 경고처럼.

캐럴 용품을 전시한 상점에서는 크리스마스 캐럴송이 흘러나오고 있다. 낼모레가 성탄절인데도 예전 분위기가 느껴지지 않는다. 상점은 비었으며 갈 길을 재촉하는 사람들 사이로 자선냄비의 종소리도 들려오지 않았다. 차에 올랐다. 멀리 남망산 등성이가 화려한 도시의 불빛에 묻혀 흐릿하게 드러났다. 어쩌면 그곳에서 뛰어놀았을 메뚜기가 바람의 도움을 받아 저 곳으로 갈 수 있을까.

어림없는 일이다. 살아서 제 날갯짓하며 여기까지 오는 것은 가능했을지 몰라도 사람들과 자동차를 피해 저 남망산 기슭까지 갈 수는 없을 것이다. 설사 바람이 그런 것들을 피하게 해준다 해도 사방으로 꺾이는 길을 지나 저 기슭에 닿으려면 이 겨울 내내 아스팔트 위를 굴러야 하지 않을까. 어쩌면 메뚜기는 희망봉 같은 기슭에 닿기도 전에 바스러져 한줌 바람 되어 사라질 터이다.

시내를 벗어나 해안도로로 접어들었다. 시내와는 달리 해안도로는 크리스마스 불빛에서 밀려나 있다. 작은 어촌 마을들이 올망졸망 엎디어 삶의 아궁이에 소박한 불을 지피고 있을 뿐, 산 그림자들이 차창을 스치고 지나갔다. 차의 전조등은 그 산까지 미치지 못하고 단지 코앞의 아스팔트만을 간신히 비춘다.

문득 여기서 탈선하면 나도 그 메뚜기처럼 되는 건 아닐까 하는 생각이 들었다. 내 영혼은 흐린 전조등에 의지해 고작 코앞이나 비추면서 달리는 아스팔트 위의 메뚜기와 다를 게 뭘까.

어느 날 이승에서 내가 삶을 끝냈을 때 가족들은 슬퍼하고 친구들이나 이웃들은 몇 방울의 눈물로 조문하고 그리고는 아무 일 없었다는 듯이 평소처럼 살아갈 것이다. 가끔은 술 한

잔 마시다가 그저 그런 사람, 그렇게 살다가 그렇게 사라진 사람쯤으로 잊혀질 것이다. 그렇다면 나는 도시 한복판에서 바싹 마른 채로 바람에 날리는 메뚜기의 사체와 무엇이 다른가. 한 줄기 바람조차도 외면하는 인간의 죽음은 어쩌면 메뚜기보다도 더 가련한 것 같다는 생각이 스쳤다.

더 늦기 전에 돌아가야 한다는 생각이 들었지만 어디로 가야 하는지 길을 잃어버렸다. 내 삶이 시작된 곳은 어디인지 기억이 나지 않았다. 전조등은 막막한 어둠 속에 코앞만을 비추어 줄 뿐. 기억하지 못하는 것을 기억하려고 안간힘을 썼다. 나는 어디서 왔는가. 바람이 데려간 메뚜기는 지금 어디쯤 있을까. 그의 육신과 분리된 영혼은 왔던 곳으로 돌아갔을까. 갑자기 앞에서 무언가가 튀어나오는 듯해 급브레이크를 밟았다. 타이어 타는 냄새가 코를 찔렀다. 차에서 내려 살펴보니 무엇이 튀어나온 게 아니라 도로만 보며 달리다보니 커브로 꺾인 시커먼 언덕이 물체처럼 보였던 것이다.

우리네 살아가는 과정에는 이처럼 무시로 튀어나오는 위험이 상존하지 않던가. 문제가 생겼을 때 곰곰 생각해보면 실제로 무엇이 튀어나오기보다 한치 앞만 보고 살다보니 이미 다가와 있는 위험들을 미처 알지 못해 그 자체로 너부러진 경우가 부지기수다. 그 모두가 우리의 삶이 본질에서 너무 멀리 떠나와 있기 때문이 아닐까. 아니, 자연 속에 살며, 자연과 같은 마음을 가지고, 자연 속의 나무처럼 아이들을 키우다가 낙엽처럼 떨어져 한줌의 흙으로 돌아가는 생의 과정에서 너무 멀리 떠나온 것은 아닐까. 그렇다. 우리는 지금 길을 잘못 든 메뚜기처럼 생의 고향에서 너무 멀리 와 있다. 왜 몰랐을까. 그것을 깨닫는 것만으로도 우리의 영혼은 생의 고향 쪽으로 한발 성큼 다가가고 있다는 것을.

바다를 향해 섰다. 비록 구름에 가려 흐릿했지만 달빛은 바다와 낮은 산들을 뚜렷이 비춰주고 있다. 가슴을 쭉 펴다가 미미한 날개 소리를 들었다. 순간 메뚜기 한 마리가 산등성 그림자 사이로 나는 모습이 보였다. 환청이고 환시였을 것이다. 하지만 내 가슴에는 향기로운 전율이 일었다.

집으로 돌아오는 길이 그지없이 편안했다.

4부

믿음이라는 열매

십 년 전 지금 사는 곳으로 이사 오면서 감나무·석류나무·물앵두를 심었다. 삼 년이 지나자 앵두나무는 앙증스런 열매를 맺었고, 가을엔 감도 서너 개나 열렸다. 그때부터 두 나무는 해마다 열매를 맺었지만 석류나무 쪽은 덩치만 키워 갈 뿐 소득이 없었다. 쳐다만 봐도 입안에 침이 고여 드는 빨간 석류를 기대했는데…. 눈에 보일 적마다 저 쓸모없는 나무를 뽑아버릴까 말까 저울질하다가 기다린 김에 조금만 더 지켜보기로 했다. 그러던 칠 년 만이던가. 아기 주먹만 한 볼품없는 석류 몇 개가 열렸다. 그래도 열매를 맺었다는 게 기특해 둥치를 몇 번 쓰다듬어 주었다. 그래서였을까. 지난해 가을에는 믿음에 보답이라도 하듯 열매를 주렁주렁 매달았다.

일전에 내 분신 같은 친구가 찾아왔다. 이런저런 이야기 끝에 친구는 '국립부곡병원'에 다녀왔다고, 그곳만 가면 아픔이 되살아나 힘들었는데, 이제는 마음이 많이 편해졌다고 한다.

그녀로부터 들었던 오래 전 사연 하나가 떠올랐다. 그녀에게 사춘기에 접어든 아들이 하나 있었다. 그 아들은 남편의 사업실패로 충격을 받았던지 비뚤어지기 시작했다. 고등학교를 졸업하면서 아들은 아버지의 사업을 돕고, 결혼하여 가정을 꾸렸지만 아내에게 충실하지 못해 결국 헤어지고 말았다.

얼마 후 그녀는 아들이 낮술을 마신다는 것과 술기운이 떨어지면 손까지 떤다는 걸 알게 됐다. 음주운전으로 운전면허가 취소된 적도 있었고, 몇 번의 가출 전과가 있던 터라 남편에게 쉬쉬 해오다가 털어놓고 말았다. 아버지의 불호령에 아들은 또 가출하고 말았다. 연락수단인 삐삐만을 남겨둔 채-. 일주일, 보름이 지났건만 행방이 묘연했다. 경찰서에 가출신고를 하고 걱정되어 영안실마다 찾아 헤맸다. 눈물의 세월 속에 그녀는 제정신이 아니었다. 한 달여 만에 초췌한 몰골로 돌아온 아들. 앞으로 술을 끊고 새사람이 되겠다며 다짐다짐했지만 결과는 작심삼일이었다.

우려하던 일이 현실에서 터지고 말았다. 현장 자재를 싣고 나간 사람이 반나절이 지났는데 오지 않는다는 것이다. 저녁 무렵에야 병원이라며 어머니 혼자만 오라고 연락이 왔단다. 현장으로 가던 아들은 교통사고가 났고 차는 폐차되었지만 다행히도 사람은 경상이었다. 그는 그 일로 충격을 받았던지 재활병원행을 자처하고 나선 것이다.

아들의 깁스를 푼 후, 그녀는 아들과 함께 알코올 재활병원인 국립부곡병원으로 갔다. 담당의사와 상담을 하고 알코올 병동과 재활센터, 체육시설, 오락시설 등도 둘러보았다. 그녀의 눈에서는 쉬지 않고 눈물이 흘렀다. 감옥처럼 쇠창살에 막힌 공간에다 서른도 안 된 아들을 입원시켜야 하는 죄 많은 어미. 자식 교육에 실패한 어미란 자괴감에 얼굴을 들 수조차 없었다. 내일 입원하러 오겠다며 인사드리러 갔는데 의사는 오늘 바로 입원시키라 했고, 아들은 어머니의 운전이 서툴고 초행이니 짐 챙겨서 다음날 오겠다고 했다. 의사의 속내는 그가 입원하지 않을까봐 걱정이었고, 아들은 엄마와 조금이라도 더 있고 싶은 마음이었던 것이다. 그녀는 의사와 아들 사이에서 계속 훌쩍거렸다. 결국 아들은 그날 입원했다. 자동차 키를 건네주며 "어머니, 제 걱정 마세요. 운전 조심하시고, 도착하면 꼭 연락주세요." 하며 고개를 숙였다.

그녀는 일주일마다 병원으로 갔다. 아들은 이곳에서 자격증 준비하겠다며 수험서를 주문했고, 색종이와 풀을 가져다 달라고 했다. 면회하고 돌아서는 어머니 손에 색종이로 만든 학이며 꽃병 같은 장식품을 건네주었다. 눈물을 쏟으며 면회실을 나서는 그녀가 안쓰러웠던지 간호사는 만날 적마다 아들 이야기를 해주었다. 치매 노인 식사는 물론 대소변 수발에 목욕까지 도와준다고. 여기에다 어머니 눈물을 보니 가슴이 아프다며 꼭 술을 끊어서 효도하겠다는 말까지 전해 들었다. 그렇게 한 달이 지났을까. 아들이 자격증 시험을 보겠으니 날짜 알아보고 원서접수까지 해달라는 것이었다. 일 년에 한번씩 보는 시험이 바로 한 달 후에 있다는 게 아닌가. 그녀는 고민에 빠졌다. 의사는 알코올 중독은 6개월 가지고도 끊기가 힘든데 두 달 만에 퇴원하여 시험응시는 불가하다고 단호하게 잘라 말했다. 그러나 아들은, "알코올중독자들의 비참한 노후를 보았습니다. 가족들에게 버림받은 노인들의 모습 또한 잊지 못할 겁니다. 그 모습이 뇌리에 있는 한 술은 절대로 입에 대지 않을 겁니다."라며 강한 의지를 보이더란다.

친구의 아들은 자격증을 땄고 자신의 의지대로 술을 끊었다. "자식을 못 믿으면 누굴 믿어요." 라고 담담하게 말하는 그녀의 눈은 촉촉하게 젖어 있었다. 그녀는 그날은 먼발치에서 병동만 보고 왔는데, 다음엔 알코올 병동에 들어가 환자보호자들을 만나서 "내 아들은 두 달 만에도 완치됐으니 용기를 가지세요!" 라고 말해 주어야겠다고 했다.

친구의 아들은 대학과정도 마쳤고, 5년 전 재혼하여 두 딸의 아버지가 되어 알콩달콩 잘 살아가고 있다.

나는 그녀의 이야기를 들으며 '믿음'이란 단어를 가슴에 새겨 보았다. 내가 만일, 석류나무가 열매를 맺지 못할 것이라지레 짐작하고 자르거나 뽑아버렸다면 톡톡 터질 듯한 탐스런 열매를 볼 수 있었을 것인가. 친구 역시 자식을 믿지 못했다면 어떤 결과를 가져왔을까. 살아가면서 믿음만큼 소중한 게 없다는 생각이 들었다.

비눗방울 세상

아이의 눈이 동그랗게 커졌다. 두리번거리던 맑은 눈이 금방 푸른 하늘로 향했다. 비스듬히 반사된 가을햇살이 아이의 활짝 열린 동공에 반사되며 반짝 빛났다. 순간 세 살짜리 꼬마는 무슨 생각을 했을까. 지윤이는 반짝이는 눈으로 다시 손을 내밀었다. 그 표정엔 무한한 호기심과 기대가 담겨 있다.

나는 다시 비눗방울을 불어 고사리처럼 작은 손 위에 살포시 올려놓았다. 아이는 손바닥 위에 얹힌 비눗방울을 신기한 듯 바라보다가 다른 손으로 잡으려 하자 톡 터져 버렸다. 조금 전처럼 눈을 크게 뜨고 '어디로 사라졌을까.'하며 찾는 모습이 무척 귀엽다. 나는 열심히 지윤이에게 비눗방울을 만들어주었다. 아이의 눈은 무지갯빛 방울을 따라다녔고, 내 눈은 아이의 표정을 따라다녔다.

TV에서 비눗방울 마술사가 공연을 했다. 그는 아주 작은 것에서부터 사람이 통째로 들어갈 수 있는 것까지 자유자재로 비눗방울을 만들어 객석을 환호의 도가니로 몰아넣었다. 크고 작은 방울들이 그의 막대 끝에서 색색의 조명을 받으며 돌고 돌았다. 우리를 환상의 세계로 인도하는 절대자의 몸짓 같았다. 비눗방울은 눈을 속이는 요술도 아니고 착시도 아니다. 세상 어딘가에 존재하는 것을 우리가 찾지 못했을 뿐, 그는 그것들을 심미안으로 찾아내어 사람들에게 보여준 것이리라.

나는 오랫동안 잊고 있었다. 어릴 적 비눗방울 놀이는 우리들에게 얼마나 익숙하고도 즐거운 놀이였던가. 수수깡을 비눗물에 담가 후 불면 작은 물방울들이 허공으로 하늘하늘 날아오르곤 했었다. 바람에 둥실 날아가다가 톡 터지면 다시 불며 쫓아다녔다. 그러다 학교를 졸업하고, 결혼하고, 아이 낳아 키우면서 어느 날 문득 되돌아봤을 땐 사라진 비눗방울처럼 많은 것을 잃어버리거나 잃어버린 후였다.

비눗방울은 그저 물풍선에 불과하지만, 그것을 바라보는 사람들의 눈은 늘상 경이롭다. 말간 비눗물이 햇빛을 받아 무지개 빛깔을 연출해 낼 때면 아무리 삶에 찌든 어른이라 할지라도 그 순간은 눈빛부터 순수해진다. 마술처럼 부풀어 올랐다가 어느 순간 사라지고 다시 부풀어 올랐다가 순간 사라지는 비눗방울들–.

어린 시절의 꿈과 어른이 되었을 때의 꿈은 왜 달라지는 것일까. 어른들은 아이들에게 아름다운 꿈을 꾸며 간직하라고 말하지만 정작 자신들은 꿈을 꾸기나 할까. 부모들은 자식에게 따뜻한 세상이 펼쳐진 동화책을 사주지만 정작 어른들은 그 동화를 읽기나 할까.

어른이 되어 처음으로 비눗방울을 불어보니, 잃어버린 것들에 대한 아련한 시간들이 목까지 차올랐다. 그것들은 아주 멀리 두고 온 것이 아니라 아주 깊은 곳에 묻어두고 까맣게 잊어버린 것들이었다. 내 가슴에, 모든 이들의 가슴에 여며둔 지난 추억 속에 있을 것이다. 어릴 적 친구들과 날려 보냈던 비눗방울들, 풀꽃 반지, 새벽녘 호박 잎사귀에 숨어살던 작은 이슬들…. 그 모든 것들은 까맣게 잊고 있었지만 우리의 심연에 분명 살아 숨 쉬고 있다.

어른들이 동화를 읽고 보릿대로 비눗방울을 분다 한들 누가 웃으랴! 아이와 함께 비눗방울을 불고 아이와 함께 그 비눗방울을 따라 뛰어다니는 모습은 생각만 해도 평화스러울 것 같지 않은가. 아무도 그래서는 안 된다고 한 적 없다. 하나 우리는 그러지를 못했다. 단지 어른스럽지 못하다는 이유만으로.

오늘도 손녀가 왔다. 나는 정성껏 비누를 깎아 물에 녹인 후 글리세린과 설탕을 조금 넣고 저었다. 지윤이는 기대에 찬 눈망울로 내가 만드는 비눗물을 보고 있다. 이 아이의 마음속엔 이미 크고 작은 오색 물방울들이 하늘 가득 떠다니고 있을지도 모른다. 내 가슴에도 비눗방울이 날아다니기 시작했다.

따스한 가을 햇살을 받으며 나는 손녀와 함께 아름다운 어린 시절로 돌아가고 있었다. 작은 비눗방울 하나로 세상은 이렇게 아름다운 것을.

산딸기

제석봉에 올랐다. 마을 뒷산이라 관심을 갖지 않다가 등산로를 닦았다기에 이사 온 지 7년 만에 찾은 것이다. 중턱쯤 오르니 소나무와 잡목이 우거져 있고 노루귀와 산괴불주머니가 사이사이에 피어 눈을 즐겁게 해주었다. 정상에 올라 내려다본 한려수도는 햇살에 금가루 은가루를 뿌린 듯 빛나고 있었다. 그제야 진작 올라와 볼걸 하는 후회가 일었다.

그런데 풍광보다도 더 눈길 발길을 붙잡는 게 있었으니 바로 산딸기였다. 산중턱에서 하산 길까지 무더기로 피어 있는 산딸기들. 아직은 덜 익었지만 며칠 후면 달콤하게 익을 터였다. 웃음이 터져 나왔다. 산딸기를 많이 먹으면 소변 줄기가 요강을 뒤엎는다 하여 복분자覆盆子라 하지 않았나.

요즘 부쩍 건강에 신경 쓰는 남편을 생각하며, 산딸기술을 담가 그에게 권할 요량으로 항아리와 소주를 준비했다. 그리고 며칠 후 집에서 제일 크고 예쁜 바구니를 들고 제석봉에 다시 올랐다. 가시에 찔리지 않게 완전무장한 내 발걸음은 가벼웠고 콧노래가 절로 나왔다.

드디어 점찍어 두었던 곳에 도착했다. 그런데 아니, 이럴 수가! 산딸기 나무에는 잎과 줄기만 남아 있는 게 아닌가. 오솔길을 따라 하산 길까지 가보았지만 그곳도 마찬가지였다. 짐승들이 따먹었을까? 주위를 자세히 살펴보니 딸기 부스러기가 여기저기에 흩어져 있었다. 그렇다면 사람이 따간 게 분명했다.

남편에게 큰소리 쳤는데 어떻게 하나. 온몸에 힘이 빠져 나무 그늘 아래 털썩 주저앉았다. 화가 삭으면 내려갈 참이었는데 햇볕이 따갑게 내리쬐니 화가 더 났다. 비어 있는 바구니를 보니 불평도 쏟아져 나왔다.

오래 전에 읽었던 성서 속의 인물 '요나'가 떠올랐다. 예언자 요나는, 니느웨로 가서 그 도시의 종말을 보기 위해 산으로 올라갔다. 하느님께서는 요나가 앉아 있는 곳에 속성으로 박넝쿨이 나게 하여 시원한 그늘을 만들어 주셨다. 뒷날 또 그곳에 머무는데 하느님이 벌레로 하여금 박 넝쿨을 갉아 먹게 했다. 한낮이 되어 뜨거운 볕이 내리쬐자 요나는 "사는 것보다 죽는 게 나으리라."며 불평을 했다. 그러자 하느님께서 "어찌 수고도 아니하였고, 배양도 아니한 것이 없어졌다고 불만이

냐."며 꾸짖으셨다. (요나서 4장 6-10절 중에서)

그 생각이 미치자 얼굴이 화끈 달아올랐다. 나 역시 딸기나무를 위해 가지치기를 해 준 적도 거름을 준 적도 없다. 오르는 길이 좋지 않다고 찾지 않다가 편한 길 닦았다고 겨우 한 번 산을 찾았을 뿐이다. 아무것도 해준 게 없으면서 딸기를 따지 못했다고 불평만 하다니! 그런데 수고도 아니하고 수확만 없다고 불평한 것이 어디 그 일뿐이겠는가.

옛날과는 달리 요즘은 생각이나 행동하는 패턴이 많이 달라졌다. 70년대까지만 하더라도 사람들은 일밖에 몰랐다. 오로지 자식들 세 끼 밥 굶기지 않게 넌더리나는 가난을 벗어던지는 것이야말로 지상최대의 목표였다. 그러다 사회가 풍족해지기 시작하면서 눈치만 빠르면 잉여 가치를 손쉽게 챙길 수도 있게 되었다. 그래서인지 복권이 난무하고 경마나 경륜 같은 사행성 오락이 팽창했다. 나 역시도 복권을 몇 번 샀었다. 또 당첨되지 않았다고 투덜거리기까지 했었다.

거기까지 생각이 미치자 벌떡 일어서서 산을 내려오기 시작했다. 비록 산딸기는 따지 못했지만 내 마음 속의 썩은 딸기를 발견하고 따내어 버렸으니 그날 산딸기보다 더 향기로운 열매를 얻은 셈이다. 비록 나 하나가 세상을 바꾸지는 못하겠지만 최소한 나만이라도 뿌린 것 없이 거두려는 한탕주의에 보태지는 말아야 할 것 아니겠는가.

기분이 좋아진 나는, 올라갈 때처럼 콧노래를 흥얼거리며 바구니를 머리에 써보았다. 마치 내가 딸기가 된 기분이었다. 이만한 산딸기면 남편도 좋아하지 않을까 속으로 웃으며 내려오는데 저만치 휘파람새 한 쌍이 휘리릭하며 날아갔다.

염낭거미

하늘을 보던 내 눈은 허공의 한 점에서 머물고 말았다. 태양에 반짝 반사되어 천천히 바람을 타고 날고 있는 그것이 내 시선 위를 스쳐갈 때 비로소 거미라는 것을 알았다. 순간 거미는 징그러운 존재라는 고정관념이 사라지고 참 아름답고 자유롭다는 생각마저 들었다. 거미는 은빛 실을 길게 뿜어 내놓고 바람을 타고 이동한다고 한다. 바람에 저렇듯 훌훌 날아가는 거미의 삶, 그 뒤에 숨은 이야기는 가슴 저리기까지 하다.

거미는 모성이 강한 것으로 알려져 있다. 우리나라에 서식하는 염낭거미만 보더라도 암컷은 번식기가 되면 나뭇잎을 말아 작은 주머니 모양의 둥지를 만들고 그 속에 들어간다고 한다. 천적으로부터 새끼를 보호하기 위해서 외부와 완전히 밀폐된 공간에서 알을 낳는 것이다. 그런 후 어미거미는 새끼가

부화하고 나면 기꺼이 자신의 몸을 내어준다. 그 희생적 사랑은 어미만이 베풀 수 있는 위대함이다. 어미의 몸을 먹고 독립할 정도로 자란 새끼들은 둥지를 뚫고 나와 바람 따라 제 길을 찾아 흩어져 간다.

생각해보면 인간이라고 다를 바 없다. 요즘 시골에 가 보면 눈에 뜨이는 사람은 노인네들이 대부분이다. 대청마루에 멀거니 앉아 앙상한 몸으로 담 너머를 바라보는 무표정한 노인들. 도시로 유학 간 자식들 등록금을 마련하려고 새벽 일찍 일어나 쇠죽 쑤고 논밭에 나가 뙤약볕에 허리가 휘어지도록 이 평생을 살았건만 남은 것은 가랑잎처럼 마른 육신뿐이다.

도시의 풍경도 마찬가지다. 자식이 잘될 수만 있다면 부모는 무엇이든 마다않는다. 살 만한 집에서는 학교로 학원으로 새벽부터 밤까지 아이들을 태워 나르나 형편이 어려운 집은 자식들 학원비 마련하느라 파출부로 청소부로 부업 전선에 날밤을 새우는 어머니들을 어렵잖이 볼 수 있잖은가.

염낭거미는 우리 어머니들의 자화상일지도 모른다. 끝을 알 수 없는 사랑과 희생으로 자식을 감싸 안고, 설사 섭섭한 마음이 있더라도 탓하지 않는 모성. 그리곤 마지막에는 그들의 행복을 자신의 행복으로 치환하며 조용히 사라져 가는 어머니들의 모습은 끔찍이도 염낭거미를 닮았다는 생각이 든다.

눈앞을 스쳐간 그 거미도, 어딘가에 둥지를 틀고 계절이 바뀌면 짝을 만나 알을 낳고 그 알이 부화하면 제 어미가 그랬던 것처럼 제 몸을 새끼에게 주고, 하늘 저편으로 사라질 것이다. 오늘 내가 본 반사광은 염낭거미의 영혼이었을까. 아니면 한 줌의 미련 없이 당신의 육신을 주고, 애증도 욕망도 버리고 피안彼岸의 저편으로 간 내 어머니의 영혼이었을까.

오늘따라 새삼 어머니가 그립다.

영혼을 꿈꾸는 등대

등대.

나는 등대라는 말만 들어도 마음이 환해진다. 가슴 깊은 곳에 작은 빛 하나가 밝혀지는 것 같은 느낌 때문이다. 그런 나에게 요즈음 커다란 기쁨 하나가 생겼다. 내가 사는 통영 도남방파제에 연필 모양의 '문학기념 등대'가 건립된 것이다. 통영이 배출한 기라성 같은 예술인들을 기리며, 그들의 업적을 하나로 모은다는 개념으로 설계되었다 한다. 공사를 시작한 지 일여 년 만에 모습을 드러낸 조형등대. 그 높이 20m 이상으로 바다와 인간을 이어주는 친근한 문화공간으로 태어난 것이다.

등대의 맨 위 부분에 펜촉 모양의 등롱燈籠이 있다. 파도와 물새와 뱃고동 소리를 모아 하늘에다 인간의 염원을 적고 있는 듯한 형상이다. 등대 주변 친수공간에는 시인 유치환柳致還의

〈깃발〉과 김상옥金相沃의 〈봉선화〉그리고 김춘수金春洙의 〈꽃〉이 기념비 형태로 세워져 있다. 뿐만 아니라 대양으로 뻗어가는 진취적 기상을 돌에 새긴 '바다헌장'과 아름다운 '통영8경' 사진까지 곁들여 이곳이 예술과 관광의 도시임을 새삼 느끼게 해주었다.

생각만 해도 가슴이 벅차오르는 장르를 넘나든 대가들. 누가 뭐래도 별빛처럼 빛나는 이들의 예술 혼이야말로 통영 바다와 주변 풍광이 키워낸 특출한 재능이 아니겠는가.

내게 있어 문학은 삶의 막막함을 비추는 한 줄기 등불이었다. 힘들고 지쳐 있을 때 내 인생의 등대가 되어 주었던 문학. 그것은 종교적 신념과도 다를 바 없었다. 적어도 나에게서의 문학이란 내 생을 찾아가는 등대요 종교였던 것이다.

나는 이곳에서 태어나 손녀까지 두도록 이곳에서만 살아왔다. 그럼에도 하루만 바다를 보지 않으면 가슴부터 답답해온다. 그래서 밤이 되면 바닷가로 나가보는 것이 습관처럼 되어 버렸다. 어두워진 바다에 드나드는 배와 또 그 배들이 의지하는 등대의 불빛을 보고 있노라면 그 자체가 인생역정을 닮았다는 생각마저 들곤 했던 것이다. 바다는 어제의 바다와 오늘의 바다가 똑같지 않다. 반사되는 거울처럼 달빛 고요한 날이 있는가 하면, 별빛도 잠겨버린 어둡고 삭막한 날도 있고, 때로는 거친 파도가 날뛰는 날을 펼쳐 보이기도 한다. 우리네 인생도 언제나 화평한 삶만 펼쳐지지는 않는다. 때로는 분노의 광풍에 휩싸여 슬프고 우울한 날의 맞기도 하는 것이다. 등대는 바다가 어떤 상황일지라도 한결같이 항해자들을 인도한다.

뱃사람들은 밤하늘의 별을 보며 목적지를 찾아간다. 그러나 별도 없는 밤에는 오로지 등대만이 그들을 인도한다. 나를 인도하는 것은 무엇인가. 내 마음을 이끌어주는 등대는 바로 문학이었노라고 감히 말할 수 있을 것이다. 어둡고 거친 세상에 등대가 되어 한 시대를 비추다가 사라져간 위대한 작가들이 밝혀놓은 불빛을 따라가고 있다는 것은 더할 나위 없는 행복함이다.

글을 쓴다는 건 그 자체가 희망이다. 어둠 속에서 방황할 때 스스로에게 질문하고 나름대로의 삶에 평화를 깃들게 할 수 있었던 것도 바로 문학이라는 등대 때문이었다. 아직은 어설프다. 하지만 내가 쓰고 있는 글들이 언젠가는 나와 비슷한 길을 가는 이들의 영혼에 희미한 등대라도 되어주기를 바라는 마음 하나는 간절하다.

나는 틈나는 대로 바다에 갈 것이다. 그리고 배회할 것이다. 방황이 아닌 내 삶의 확인이다. 그러면 통영 바다를 스쳐갔던 위대한 작가들의 문학적 향기와 광채를 떠올려 줄 것이다. 어두운 밤바다를 비쳐주는 등대처럼-.

오늘 밤바다는 유난히도 평화롭다.

인생과 다리

잔잔한 수면 위로 놀빛이 물들기 시작한다. 태어나고 자랐으면서도 충무교忠武僑 위에서 바라보는 통영만의 아기자기한 바다가 이렇게 정겹게 느껴지기는 실로 오랜만이다. 나는 충무교보다는 운하교雲霞僑라 부르기를 즐겨한다. 하늘 가까이 아니, 손 내밀면 금방이라도 구름을 잡을 수 있을 것 같아서다.

어렸을 때는 철이 없어 바다에 무심했다. 나이 들면서는 사는 일에 바빠서 바다에 무심했다. 지난 세월 동안 무수히 건너 다녔을 다리. 오늘은 왜 이렇게 애틋하게 다가서는가.

남망산南望山의 그림자는 붉은 선이 뚜렷하다. 미륵도 끝자락에서 이어지는 작은 섬들의 그림자도 이제 침묵 속으로 묻혀 든다. 땅 위에도 불빛이 하나 둘씩 늘어나고, 바다 위에도 작은 배들의 불빛이 점점이 흔들리며 늘어난다. 고개를 드니 섬

그림자 위에도 희미한 별빛들이 하늘에 뜬 배의 불빛처럼 흔들리고 있다. 지금 충무운하를 가로지르는 거대한 아치형의 통영대교도 파란 불을 밝힌다. 저 불빛은 아마도 밤이 지치도록 아름다운 오색 불빛의 향연을 펼치리라.

나는 밤바다에 빠져든다. 다리 난간의 퇴색한 빛깔과 그 아래를 흐르는 운하의 물길을 보며 사색에 잠긴다. 인생이란 무엇인가. 시간 위에 다리를 놓고 과거에서 현재로 그리고 미래로 진행하는 것이 인생 아닌가. 다리는 시간을 이어주는 통로다. 그래, 다리가 지금 내 인생의 먼 과거와 현재를 이어주고 있다.

사람들 사이에 단절의 틈이 생겼을 때 우리는 그 사이를 이어줄 무엇인가를 간절히 갈망한다. 그 역할을 맡는 것이 사람이라면 그는 사람 사이에 놓인 아름다운 다리임에 틀림없다.

그러나 무엇보다 다리는 연인들 사이에 놓아진 사랑의 통로다. 누군가 자신에게 다가왔을 때 한번에 가슴의 문을 활짝 여는 대신 조금씩 조금씩 문을 열어 아주 조금씩 상대를 받아들인다. 그 과정이 항용 평탄한 것도 아니다. 때로는 겨우 조금 열었던 문을 닫아버리기도 하고, 수없는 노크에 다시 열기도 하며 짧지 않은 시간과 질곡을 넘어 비로소 가교 하나를 두 사람 사이에 완성하게 되는 것이다.

다리도 그렇게 완성된다. 처음에는 듬성듬성 징검다리였다가, 시간이 흐르면 보다 든든한 나무다리가 되다가, 나중에야 완전하고 탄탄한 돌다리가 되는 것이다. 그 과정도 수월치만은 않다. 홍수에 징검다리가 쓸려가버리기도 하고 비바람에 나무다리가 무너지기도 한다. 포기하면 다리는 결코 만들어지지 않는다. 그래서인지 연인들 사이의 관계를 설명하는 데 다리를 비유하여 드는 일이 종종 있다.

소설을 영화화한 〈메디슨 카운티의 다리〉는 전세계적으로 센세이션을 일으켰다. 특히 여주인공은 중년 여성들의 부러움의 대상이 되기도 했고 나 역시 대리 만족일망정 짜릿함을 맛보았다. 불과 사흘 동안 뜨겁게 사랑하고 평생을 그리워하며 살아간 중년 남녀의 사랑은 보는 이의 가슴에 경악을 일으키기에 충분했다. 그들의 비밀한 사랑을 알아 낸 것은 유품과 편지를 정리하던 자녀들이다. 자녀들은 그들의 어머니에게 원망보다는 오히려 감동을 느끼며 인생의 의미를 되짚어보게 된다.

또 하나 생각나는 것은 프랑스 여배우 '줄리에뜨 비노쉬'가 열연한 〈퐁네프의 연인들〉이다. 화가였으나 점점 시력을 잃어가면서 모든 것을 포기한 채 걸인처럼 거리에서 살아가는 '미쉘'과 곡예사라지만 거지나 다름없는 '알렉스'가 파리 '세느 강의 퐁네프'에서 만난다. 마음속의 상처와 가난으로 누더기 모습을 한 이들은 하루하루 절망적 삶을 살아간다. '알렉스'는'미쉘'을 사랑하나 '미쉘'은 첫사랑 '줄리앙'에 대한 기억을 떨치지 못한다. 각자의 길로 헤어졌던 두 사람은 3년 후 크리스마스에 퐁네프 다리 위에서 재회한다. 불꽃같이 살았던 과거를 회상하며 새로운 세계로 떠나는 그들의 등 뒤로 퐁네프의 다리가 펼쳐질 때 내 가슴엔 뜨겁게 차오르는 아련한 슬픔 같은 것이 있었다.

'퐁 네프'는 불어로 '아홉 번째 다리'라는 뜻이지만 '새로움'이라는 뜻도 있다고 한다. 퐁네프-, 새롭게 시작하는 다리라는 의미가 가슴에 깊게 와 닿는다.

운하교 난간에 가만히 서 있으니 마치 퐁네프에 와 있는 듯한 느낌을 받는다. 다리 위로 지쳐버린 세월이 흐르고 수많은 사람들의 인연과 희망과 슬픔과 사랑이 첩첩이 쌓여 있을 다리, 그 난간 너머로 인생을 사랑하고 살아낸 그들의 이야기가 물살처럼 밀려갔다 밀려오는 것 같다. 이곳 어딘가에, 저 파도 어딘가에 나의 흔적도 한 점 여운으로 밀리고 있을까. 흔들리는 배들의 불빛에 난간마저 흔들리는 듯하다.

어느새 어둠으로 덮인 하늘 어딘가에 통영만을 바라보며 인생과 사랑을 노래했던 유치환, 김춘수, 윤이상 선생이 고향 바다를 비추는 별빛으로 흔들리고 있으리라.

죽음에 대하여

며칠 전 차를 몰고 길을 나섰다. 친구 아버지께서 별세하셨는데 유언에 따라 화장을 한다기에 '사천시립화장장'으로 가던 길이었다. 막상 출발은 했지만 초행인데다가 제대로 가고 있는지 확인할 길이 없어 참으로 난감했다. 국도를 따라 한참을 가다가 할머니 두 분 앞에 차를 세워 길을 물어보았다. 그런데 길을 가르쳐 주시면서도 어쩐지 언짢은 표정이었다. 순간 나는 아차, 했다. 곱게 차려입으신 나들이 길에 물어본 곳이 하필이면 화장장이었으니 말이다.

죽음이란 누구에게나 찾아오는 것. 그러나 누구에게도 유쾌한 일은 아니다. 하물며 인생의 황혼에 접어든 이들에겐, 죽음이란 떠올리는 것조차 가슴 착잡하게 한 일이 아니겠는가.

나 역시 인생의 삼분의 이를 살아버렸다. 그래서일까. 가끔

어떻게 하면 아름답게 삶을 마감할 수 있을까 하는 생각을 하게 된다. 피해갈수 없는 것이라면 당당하게 맞서야지, 말은 그렇게 하면서도 막상 현실로 다가왔을 때 그럴 수 있으리라고는 장담하지 못한다. 어쩌면 지푸라기라도 잡으려고 발버둥치는 추한 모습일지도 모른다.

난 이미 사춘기 시절 죽음의 문턱에 다가간 적 있다. 그 시절 고만고만한 애들이 화려한 미래를 꿈꾸는 동안 나는 음습한 죽음의 그림자 주변을 맴돌았다. 축복받지 못한 가정에서 축복받지 못한 아이로 태어난 나는, 가정이란 울타리가 감옥보다 더한 지옥 같다는 생각을 하며 우울한 성장기를 보냈던 것이다. 자신이 너무 비참하다는 생각이 들 때면 뒷산 무덤가에 앉아 울음을 토해내곤 했다. 그리고 죽음의 사자가 데려가 주기를 간절히 기도까지 했었다. 당시엔 죽음이란, 나를 구원하는 최선의 방법이라고 생각했던 것이다.

그러던 어느 날, 극한의 우울증으로 완전히 탈진했을 때 나의 대단한 생각(?)을 실행에 옮기고 말았다. 시간이 얼마간 지나자 내장이 타들어가는 듯한 고통을 느끼며 서서히 사지가 마비되어 갔다. 그제서야 집에서 키우던 누렁이가 쥐약을 먹고 죽어가던 모습이 떠올랐다. 잘못된 행동이라는 것을 알았을 때는 이미 늦었다. 내가 그렇게도 갈구하던 죽음은 편안한 안식이 아니라 감당할 수 없는 고통과 공포였던 것이다. 이게 아닌데, 이게 아닌데. 혀는 굳어져 가고 몸은 계속해서 경련을 일으켰다. 나는 필사적으로 수화기를 들었다.

"제발, 살려주세요!"

엿새 만에 혼수상태에서 깨어난 나는, 두 번 다시 자살이란 단어를 떠올리지 않는다.

우리는 상식적으로 혈액순환 및 호흡과 맥박의 정지 등으로 죽음에 이르렀다고 생각한다. 몸의 기능이 멈추면 뇌의 활동도 정지된다. 뇌의 주름 깊이 기록되었던 삶의 희로애락은 물론 자신만의 퍼스넬리티까지도 함께 소멸된다. 종교에서는 나름의 논리에 따라 부활이나 윤회를 내세우기도 하지만, 그러나 죽음은 여전히 당혹스러운 과제다.

죽음, 그 영원한 의문 앞에 누가 명쾌하게 대답할 수가 있을까. 죽음을 극복할 만한 수련을 쌓지 못한 나에겐 그것은 여전히 추상성으로 남아 있다. 어쩌면 영원히 추상적 과제일 수밖에 없는 죽음, 그 두려움을 조금이라도 극복하기 위해 그것에의 미화는 그나마 위안일 수도 있을 것이다.

어떤 사람들은 이 세상에서 사라져 버린 누군가의 영혼이 어쩌면 밤하늘의 별이 되었다고 생각한다. 별이 된다는 그 어처구니없는 상상도 죽음이 전제가 되면 사람들은 그것을 믿고 싶어 한다. 아니 믿는다기보다 결국 그 어처구니없는 믿음과 타협한다는 것이 옳은 표현일지 모르겠다. 하지만 죽어서 별이 된다면, 그건 정말 아름답지 않은가. 별이 된다면, 별이 된다는 것을 믿을 수만 있다면 죽음도 견뎌낼 만한 일일 것이다.

사랑하는 사람이 별이 되었을 거라 믿으면, 밤하늘을 바라보는 사람에게도, 먼저 세상을 뜨는 사람에게도 그만한 위안은 없을 텐데.

결국 인간에게 우선시되는 과제는 죽음의 실체가 무엇인가를 파헤치는 것보다 어떻게 그 두려움을 극복할 수 있는가 하는 문제일 것이다. 죽음의 실체가 무엇이든 그것을 피해갈 수는 없다. 그렇다면 아름답게 죽는 것, 편안하게 죽는 것, 나아가서는 즐겁게 죽는 방법을 찾는 것이 현실적으로 더 유익할 것 같다.

사천시립화장장 가는 길은 가도 가도 모호하기만 했다. 마치 죽음의 실체가 안개 속에 가려져 있듯. 더구나 그날따라 도로엔 젊은이라곤 보이지 않았다. 고즈넉한 길을 따라 달리다가 사람이 보이긴 했으나 또 어르신이었다. 얼마 전에 실수를 했던 터라 용기가 나지 않았지만 차를 멈추고 공손히 여쭈어 보았다. 노인께선 의외로 허허 웃으시더니 "이리로 쭉 가다가 늑도 대교가 보이면 한 번 더 물어보소." 하며 친절하게 가르쳐 주셨다.

그 순간 누구에게나 죽음이 두렵고 언짢은 것은 아니란 것을 깨달았다. 웃음으로 죽음의 장소를 가리키는 그 노인의 모습은 이미 그런 문제에서는 초탈한 사람 같았다.

나도 좀 더 나이가 들면 저런 편안한 웃음으로 누군가에게 죽음의 길을 가르쳐 줄 수 있을까? 그런 생각과 함께 나는,

그렇게 늙고 싶다는 생각을 했다. 생의 종착역을 저 노인 같은 웃음으로 도착할 수 있다면 그야말로 멋진 인생일 것 같지 않은가.

치유의 의식

봄 햇살에 이끌려 마시던 커피 잔을 놓고 밖으로 나갔다. 논두렁엔 잡초들이 말라 파삭했다. 논을 쳐다보고 계시던 순이 할아버지는 가뭄으로 농사지을 일이 걱정이라며 물 걱정을 하셨다. 물, 물이란 단어를 들으니 또 어머니 생각이 났다.

어머니께서 치매 진단을 받은 지 1년이 지났을 무렵, 이상한 증상 하나가 생겼다. 물에 대한 집착이었다. 컵이나 병과 밥그릇 등 담을 수 있는 것이면 어디에나 물을 담아 두었다. 그것도 부족한지 비닐봉지에까지…. 나는 어머니의 그런 행동이 어디에서 연유한 것인지 곰곰 생각해도 알 수가 없었다. 그러던 어느 날이다.

"할머니는 물 때문에 고생 많이 하셨나 봐요."라는 한 간호사의 말에 뭔가 떠오르는 게 있었다. 내 어린 시절의 영상과,

어머니의 현재 행동이 겹쳐졌던 것이다.

내 어릴 적에는 수도시설이 갖춰진 집이 흔치 않았다. 우리 집 역시 수도가 없었다. 나는 어머니를 도와 우물에서 물을 길었는데 초등학교 3학년 때부터 시작된 나의 물 긷기는 시집가서도 계속되었다.

시댁은 산꼭대기에 위치한지라 평지의 친정은 그래도 나은 편이었다. 연세가 드셨던 어른들은 한복을 즐겨 입으셨고 시동생에 조카까지 대식구였던 가족의 빨래는 적잖은 편이었다. 유료 빨래터가 있기는 했지만 입장료 때문에 산중턱에 있는 가지목으로 가서 빨래를 했고 밤에는 공동우물에서 물을 길어 날랐다. 당시는 고무장갑이 없었던지라 겨울에도 손을 호호 불어가며 빨래를 했고 물을 길었다. 시집살이가 오 년이었으니, 초등학교 때부터 시작된 나와 물동이와의 동거는 그만큼 더해진 셈이다.

그런 내게, 어머니는 한 번도 힘드냐고 묻지 않으셨다. 나 역시 시집가기 전이나, 가서도 어머니께 힘들다는 내색 한 번 하지 않았다. 그런데 그것이 어머니에게 아픈 상처로 남아 있었을 줄이야! 물 때문에 딸자식이 힘들어하는 모습이 말씀은 안하셔도 가슴에 못이 되어 박혀 있었더란 말인가. 그 오랜 세월 깊숙이 뽑아 낼 수 없는 한이 되어, 망각의 강을 건너가면서도 무의식 속의 집착을 보이시는 것인가.

프로이트는, 사람은 유년기든 성인기든 마음에 반복적인 외상이 가해지면 그게 무의식 속에 깊은 상처로 남아 있다고 했다. 그러다 자신도 모르게 회복을 위한 행동을 한다는….

어머니는 기억의 끈을 놓으면서도 상처에 대한 기억만은 붙들고 계셨던 모양이다. 치매라는 것은, 노년에서 중년으로 그리고 청춘을 거쳐 유년으로 되돌아가며 기억을 거꾸로 지워가는 질병인 것 같았다. 어쩌면 삶을 정리한다는 것이 살아낸 것들의 기억을 조금씩 소멸시켜간다는 것인지도 모른다. 마치 긴 여행 떠나는 사람이 우편물을 정리하듯, 옷가지와 세간을 정리하며 이웃과 인사를 나누듯이 말이다.

어린 여식이 물동이를 이고 나르는 모습이 반복적으로 영혼에 아픈 자극을 주어 깊은 상처가 되셨나 보다. 그 상처의 치유의식을 물을 통해하고 있는 것은 아닐까. 물 긷는 자식에게 따뜻한 말 한 마디 해주지 못했던 그 어쩔 수 없는 매몰참이, 치매로 지워져 가는 어머니의 희미한 기억 속에는 아직도 존재하는가. 스스로 영혼의 쾌유를 희망하는 외로운 의식의 하나로 어머니는, 물을 모으는 고독한 형식을 통해 치르고 있는 셈이다. 당신께서는 물을 통해 안식으로의 마지막 여행을 하시려는 것인가. 나는 당신께서 마음의 평화를 얻을 수 있기를 기대하며 목욕탕에서 원 없이 물놀이를 하게 해드렸다.

올봄에는 비가 많이 왔으면 좋겠다. 대지가 흠뻑 젖을 수 있을 만큼. 그리고 어머니를 향한 나의 마음이 흠뻑 젖을 수 있을 만큼.

표지판 앞에서

89년도부터였으니 운전을 한 지도 꽤 오래된 편이다. 그런데도 나는 아직 운전이 능숙지 않다. 젊은 사람들은 운전을 하면서 스피드를 즐기기도 한다는데, 나는 일 때문에 마지못해 하는 운전이라 그런지 서툴기까지 하다.

내 사는 곳은 통영이라는 작은 바닷가 도시다. 어디를 가려 해도 해안선을 따라 달리게 되는데, 계절 따라 날씨 따라 그리고 시간 따라 무쌍하게 변화하는 바다 풍경을 만끽할 수 있다는 것이 운전을 싫게 하지 않는 이유다.

늘 다니는 길임에도 어느 날 길가의 표지판이 새삼스럽게 느껴지는 적이 있었다. 길이 휘어지는 곳에는 급커브를 알리는 표지판이 있게 마련이다. 휘어지는 각도의 완급에 따라 화살표는 하나, 둘, 혹은 세 개로 구분되는데, 어느 순간 나는 그 화살표의 숫자에 따라 브레이크 밟는 발의 힘을 무의식중에 조절하고 있다는 사실을 깨닫게 되었다. 운전을 하는 동안 내 오감은 길의 모양이나 전체적인 배경을 확인하기보다는 주로 표지판의 지시에 따라 반응하고 있었던 것이다.

전경이 좋은 곳에 차를 세우고 잠시 밖으로 나와 찬 공기를 호흡했다. 지금까지 나는 내 의지대로 살아오고 있다고 생각했지만 실은 그게 아니었던 것이다. 똑같은 사회에서 똑같은 생각과 행동을 지시 받으며 살아가고 있다고나 할까. 어떤 행동은 해선 안 되고, 어떤 생각은 생각조차 하지 말아야 한다는 사회적으로 약속된 신호가 끊임없이 의식으로 전달되면서 개개인을 통제하고 있는 것은 아닐까.

자동차는 끝없이 이어지는 도로 곳곳의 표지판과 신호등의 통제에 따라 일사불란하게 움직인다. 신호에 따르지 않으면 벌칙도 주어진다. 우리 인생 역시 다를 바 없다. 인생은 개별적인 것이지만 개인의 자유의사에 따라 행동할 수 있는 것은 적잖이 제한되어 있다. 사회의 보이지 않는 규율에 따라 움직여야 하고 규칙에 위배되면 범법자로 지목되어 사회생활에 커다란 치명타를 입게 된다. 개개인의 자유가 보장되는 개성 시대라지만 도시 한복판에서 비키니를 입고 활보한다는 건 생각조차 할 수 없지 않은가.

인간은 유일하게 꿈을 꾸는 동물이다. 어릴 때는 동화의 세계를 꿈꾸고 성년기에 들어서면 사랑을 꿈꾼다. 동화든 사랑이든 여기에서 빚어진 감성은 별빛처럼 빛난다. 그럴 때 사람의 마음은 바다나 하늘을 닮아 있다. 바다와 하늘을 배경으로 무엇이든 그려낼 수 있는 청춘의 공간은 정말로 아름답다. 때로는 반항도 하고 때로는 좌절도 하면서 젊은 시절의 공간은 채워진다. 그러나 인생의 중반을 들어서면 가슴엔 바다도 하늘도 사라지고 없다. 차가운 도시에서 규칙에 따라 움직이며 적응하기 위해 몸부림칠 뿐이다. 동화 같은 꿈은 오래 전 사라지고 '인생은 그저 그렇게 살다 가는 거지 뭐.' 하는 자조만이 남는다.

말기 환자들을 도와주는 호스피스들이 공통적으로 하는 말이 있다. 지나온 삶이 풍족했든 않았든 임종을 앞둔 사람들은 대부분 후회를 한다고 했다. 가장 큰 이유가 '너무 앞만 바라보고 살았다.'는 것 때문이란다. 젊은 시절 그 많던 꿈을 접고, 오로지 사회의 규칙을 따라 살아오다가 어느 날 문득 뒤돌아보았을 땐 어린 시절의 꿈과는 너무나 멀리 떠나와 있는 자신을 발견하게 된다는 것이다. 이젠 돌아갈 수도 없다. 다시 한 번 기회가 주어진다면 그렇게 살지 않을 거라고 하지만 이미 때는 늦은 것이다.

멀리 수평선이 눈에 들어온다. 어릴 적엔 저 수평선을 헤엄쳐 넘나드는 꿈을 꾸곤 했었다. 그러나 지금은 행동과 감정마저 박제되어 버렸다. 인생이란 무엇 때문에 존재하는가. 밤하늘의 별은 왜 저리도 찬란한가 하는 생각들은 내 가슴에서 오래 전에 사라져 버렸다. 단지 오늘 할 일과 내일 할 일은 무엇이며, 무엇이 내게 이익을 주고 어떤 일이 내게 손해를 주는지 저울질할 뿐. 그 옛날 풍성했던 꿈과 상상은 신기루처럼 이미 사라지고 없는 것이다.

수평선을 떠다니는 배들이 평화롭다. 나는 다시 차에 올랐다. 저만큼 정지 신호를 받고 서 있는 차들이 보인다. 나도 그 뒤에 차를 대고 섰다.

그 날 나는 내 의식 속에 뿌리박고 있는 표지판과 신호등을 제거해야겠다는 생각을 했다. 더 자유로운 사고로 내 인생을 만끽하고 싶어서였다. 표지판만 보는 게 아니라 좌우도 살피고 밤하늘의 빛나는 별도 여유롭게 바라보는 인생 말이다. 비눗방울처럼 멀리멀리 떠나보낸 꿈들을 다시 불러 모아야겠다. 나이가 들수록 꿈은 소중한 것. 인생에는 유턴이 없다 했으니 남아 있는 길이라도 넓고 풍성하게 채워 가야 하지 않겠는가.

휴대폰 때문에

그녀는 어렵게 말문을 열었다. 누군가에게 말이라도 해야 속이 후련해질 것 같다며 속내를 털어놓았다.

하늘이 두 쪽 나는 일은 있더라도, 남편만은 바람피우지 않을 거란 믿음을 갖고 있었다는 그녀. 그래서 남편에게 "당신 바람 좀 피워 봐요. 여자들한테 그리도 인기가 없어요?"라는 말까지 농담처럼 건네곤 했었다.

그런데 근래에 문제가 생겼다. 휴대폰 문자 메시지 때문이다. 그녀가 얼마 전 휴대폰을 바꾸면서 문자메시지 보내는 걸 배웠는데 그게 생각보다 재미있었다. 그래서 이모티콘을 섞어가면서 가족과 친구들에게 보내곤 했다. 몇 번 아내로부터 문자를 받던 남편도 문자 보내는 걸 배웠고, 맞춤법이 제멋대로인 희한한 메시지를 그녀에게 보내기 시작했다. 그렇게 두 사람은 문자메시지 보내는 재미에 푹 빠져들었다.

그럴 수밖에 없는 것이, 나이가 들면 언어로 전하는 애정표현이 쑥스러워지게 마련인데, 문자 메시지는 그걸 훌륭하게 커버해 준 것이다. 진한 애정표현 뒤에 붉은 색의 하트 마크를 찍는 낯간지러움도, 젊은 시절의 연서戀書를 보내는 느낌처럼 좋았다.

기기 사용법이 서툰 남편은 아내에게 휴대폰 수신함과 발신함 비우는 것을 맡겼다. 그녀는 그것이 자신에 대한 남편의 변함없는 믿음이고 사랑이라 여겼다. 하여 한 번도 내용을 확인해보지 않았다.

그런데 문제가 싹튼 것은 어느 때부터인가 남편 휴대폰의 수신함이 비워지기 시작하면서부터였다. 대수롭잖게 생각하며 며칠 후 살펴보니 또 비워져 있었다. 순간 뭔가 이상하다는 생각이 들었다. 잘못된 행동이라는 걸 알면서도 남편이 잠든 밤에, 휴대폰을 작동하여 문장보관함까지 열어보았다. 그러면서도 설마 했는데 여자인 듯한 사람에게 보낸 메시지가 있는 게 아닌가. 숨이 막히고 가슴에 통증이 느껴졌다. 평소에 남편의 여자 친구쯤이야 괜찮다고 생각했지만 막상 현실로 다가오니 날벼락을 맞은 것 같았다. 산다는 것 자체가 무의미했고, 심지어 이혼이란 단어마저 떠올리게 되었다. 배신감에 치를 떨며 며칠간을 탈출구가 닫힌 골방의 사형수처럼 끙끙 앓았다.

여기까지 이야기를 끝낸 그녀는 내게 물었다.

"어떻게 하는 것이 현명한 방법일까요?"

무슨 말을 해 주어야 하나. 뿌리가 내리지 못하게 애초부터 싹을 싹둑 뽑아버려야 한다고 말해줘야 할까? 아니면 '바람'은 말 그대로 지나가는 것이니 모른 척하라고 할까? 그것도 아니면 증거를 들이대고 남편에게 따져보라고 할까?

나는 기껏 "메시지 내용으로 봐서는 아직은 걱정할 단계가 아닌 것 같으니 좀 더 지켜보자."라는 말밖에 못해 주었다. 그녀도 스스로에게 최면을 걸듯 그래야겠죠. 그게 현명한 방법이겠죠? 를 읊조렸다.

그녀가 다시 찾아온 것은 열흘쯤 지난 해거름이다. 아직도 그녀에게 해줄 명쾌한 답을 찾지 못한 나는 당황스러웠다. 해결책을 잘못 제시했다간 가정이 깨질 수도 있지 않은가. 그런데 그녀의 말을 듣고는 안도의 숨을 내쉬었다.

어제 저녁이었다고 한다. 남편이 그녀에게 할 말 있다며 이야기를 꺼낸 것이 바로 문제의 문자메시지였다. 처음엔 순전히 장난기와 호기심으로 보내게 되었는데, 하루에 한 번 보내던 것이 두 번이 되고 세 번이 되더라는 것이다. 그는 자신의 의지와는 상관없이 늪으로 점점 빠져 들어가는 느낌을 받았다. 그리고 채팅 때문에 가정불화가 생겼다는 매스컴의 기사도 떠올렸다. 그 순간 자책감에 눈을 뜬 남편이 상황을 더 이상 진행해서는 안 되겠다는 생각을 했다. 아내에게 고백하는 것만이 이미 빠져든 문자메시지에서 벗어날 수 있는 길이라 여겼던 것이다.

이야기를 다 들은 그녀는 남편에게 솔직히 말해줘서 고맙다고, 계속 문자 친구로 지내도 좋다고 말해주었다고 한다. 그 일로 인하여 그를 더 신뢰하게 되었다. 그런데 우스운 건, 순진한 남편이 요즘은 아내 앞에서 당당하게 문제(?)의 그 여인에게 가끔씩 문자를 보낸다는 것이다.

부부로 몇 십 년을 함께하다 보면 크고 작은 실수야 어찌 없겠는가. 그러나 작은 실수가 화근이 되어 돌이킬 수 없는 상황으로 가는 경우를 우리는 종종 본다. 요즈음 이혼이 쉽게 이루어지는 것도 부부간의 신뢰가 예전만 못하기 때문이리라. 상대를 믿고 기다리다 보면 의외로 문제가 쉽게 해결되기도 한다. 하지만 작은 실수를 의심하여 파내고 후벼서 상처를 덧내다가 끝내는 아물지 못할 상처로 발전하는 경우가 얼마나 많은가.

참을성으로 부부간의 신뢰를 회복한 그녀. 어쩌면 지금도 휴대전화 메시지로 남편에게 진한 애정표현과 함께 하트마크를 보내고 있을지도 모른다.

현대수필가 100인선 · 32
양미경 수필선

고양이는 썰매를 끌지 않는다

초판인쇄 | 2008년 7월 25일
초판발행 | 2008년 7월 30일

지은이 | 양 미 경
펴낸이 | 서 정 환
펴낸곳 | 좋은수필사

주 소 | 서울시 종로구 익선동 30-6
운현신화타워 빌딩 3층 305호
전 화 | 02)3675-5635, 063)275-4000
등 록 | 1984년 8월 17일 제28호
홈페이지 | http://www.shin-a.co.kr
e-mail | essay321@hanmail.net

값 7,000원

ISBN 978-89-5925-301-2 04810
ISBN 978-89-5925-247-3 (전 100권)